KURT F. ZIEGLER

Der Prämienrückkauf in der Lebensversicherung

NÜRNBERGER ABHANDLUNGEN
ZU DEN WIRTSCHAFTS · UND SOZIALWISSENSCHAFTEN

Herausgegeben von Prof. Dr. Hermann Eichler, Prof. Dr. Hanns Linhardt,

Prof. Dr. Theodor Scharmann, Prof. Dr. Dr. Walter Weddigen

Verantwortlicher Herausgeber: H. Eichler

Heft 22

Der Prämienrückkauf
in der Lebensversicherung

Von

Dr. Kurt F. Ziegler

DUNCKER & HUMBLOT / BERLIN

n 2

Inhaltsverzeichnis

Zweites Kapitel

Die Rückvergütung

Drittes Kapitel

Die Auswirkungen des Rückkaufes

Abkürzungsverzeichnis

a. F.	=	alte Fassung
a. G.	=	auf Gegenseitigkeit
ALVB	=	Allgemeine Lebensversicherungsbedingungen
AO	=	Abgabenordnung
AVB	=	Allgemeine Versicherungsbedingungen
BGB	=	Bürgerliches Gesetzbuch
BGH	=	Bundesgerichtshof
BVerwGG	=	Bundesverwaltungsgerichtsgesetz
DK	=	Deckungskapital
ErbStG	=	Erbschaftsteuergesetz
EStDV	=	Einkommensteuer-Durchführungsverordnung
EStG	=	Einkommensteuergesetz
GenG	=	Genossenschaftsgesetz
HansRGZ	=	Hanseatische Rechts- und Gerichtszeitschrift, Mannheim-Berlin-Leipzig-Hamburg
HdV	=	Handwörterbuch des Versicherungswesens
HS	=	Halbsatz
i. S.	=	im Sinne
i. V. m.	=	in Verbindung mit
JR	=	Juristische Rundschau für die Privatversicherung, Berlin — bis 1943 —
JW	=	Juristische Wochenschrift, Leipzig-Berlin
KG	=	Kammergericht
KO	=	Konkursordnung
LG	=	Landgericht
LZ	=	Leipziger Zeitschrift für Deutsches Recht, München-Berlin-Leipzig
n. F.	=	neue Fassung
NJW	=	Neue Juristische Wochenschrift, München-Berlin
OLG	=	Oberlandesgericht
Pr.	=	Praxis des Versicherungsrechts. Beilage zur „Öffentlich-rechtlichen Versicherung" (1926—1928: „Versicherung und Geldwirtschaft")

RAG   = Reichsarbeitsgericht

RG   = Reichsgericht

RGBl.   = Reichsgesetzblatt

RGRK   = Reichsgerichtsräte-Kommentar

RGZ   = Entscheidungen des Reichsgerichts in Zivilsachen, Leipzig

RW   = Rückkaufswert

RzW   = Rechtsprechung zum Wiedergutmachungsrecht

Se.   = Summe

UmstG   = Drittes Gesetz zur Neuordnung des Geldwesens,
              in Kraft seit 27. 6. 1948

V   = Versicherung

VA   = Veröffentlichungen des Aufsichtsamtes für das
              Versicherungs- und Bausparwesen, Berlin

VAG   = Versicherungsaufsichtsgesetz

VerAfP   = Veröffentlichungen des Reichsaufsichtsamtes für
              Privatversicherung, Berlin-Leipzig

VersR   = Versicherungsrecht, Karlsruhe

VN   = Versicherungsnehmer

VSe.   = Versicherungssumme

VVG   = Versicherungsvertragsgesetz

ZfV   = Zeitschrift für Versicherungswesen, Hamburg

ZVersWiss. = Zeitschrift für die gesamte Versicherungswissenschaft,
              Berlin

Erstes Kapitel

Das Wesen des Rückkaufes

I. Einführung

In den Anfangszeiten der Lebensversicherung war es keineswegs üblich, daß im Falle der vorzeitigen Vertragsbeendigung der Versicherer den Teil der empfangenen Versicherungsbeiträge, den er für die Übernahme des Risikos und zur Abdeckung der entstandenen Verwaltungskosten nicht verbraucht hatte, an den Versicherungsnehmer zurückgab. Die Erkenntnis, daß die Sachlage eine Erstattung des Rückkaufswertes gebietet, ist erst allmählich, vor allem unter dem Druck des zunehmenden Wettbewerbs gewonnen worden. Sie hatte sich aber bis zur gesetzlichen Regelung durch das Versicherungsvertragsgesetz vom 30. 5. 1908 nicht vollständig und keinesfalls einheitlich durchsetzen können. Die gesetzliche Normierung des Prämienrückkaufes war deshalb zu ihrer Zeit eine treffliche Maßnahme zur Wahrung der Interessen der Versicherungsnehmer[1].

Die maßgeblichen Bestimmungen über das Rückkaufsrecht sind in § 176 Abs. 1 und Abs. 2 VVG niedergelegt: „Wird eine Kapitalversicherung für den Todesfall, die in der Art genommen ist, daß der Eintritt der Verpflichtung des Versicherers zur Zahlung des vereinbarten Kapitals gewiß ist, durch Rücktritt oder Kündigung aufgehoben, so hat der Versicherer den Betrag der auf die Versicherung entfallenden Prämienreserve zu erstatten. (Abs. 2.) Das gleiche gilt bei einer Versicherung der im Abs. 1 bezeichneten Art, wenn nach dem Eintritt des Versicherungsfalls der Versicherer von der Verpflichtung zur Zahlung des vereinbarten Kapitals frei ist."

Die wesentliche Voraussetzung für den Rückkauf einer Lebensversicherung liegt also in der unbedingten Leistungspflicht des Versicherers[2]. Eine solche Versicherung ist z. B. die lebenslängliche Todesfall- und die gemischte Versicherung. Nicht rückkaufsfähig sind dagegen Versicherungen mit bedingter Leistungspflicht, bei denen es also ungewiß ist, ob das versicherte Ereignis überhaupt einmal eintreten wird wie bei der

---

[1] *Falter*, E.: Rückkauf. In: Finke, E.: HdV, 2. Bd., Darmstadt 1958, Sp. 1756.

[2] *Koenig*, W.: Begriff und Bedeutung des Deckungskapitals in der schweizerischen Versicherungsgesetzgebung. In: Festgabe Moser, Bern 1931, S. 413 f.

Risiko-Lebensversicherung und den einfachen Formen der Renten-Versicherung.

Bei der Risiko-Todesfallversicherung hängt die Fälligkeit davon ab, ob der Versicherte während der vereinbarten Versicherungsdauer stirbt. Die Prämie für diesen Versicherungstarif setzt sich zusammen aus dem Risikobeitrag und dem Verwaltungskostenersatz; sie enthält also keinen Sparanteil. Deshalb kann überhaupt kein Deckungskapital entstehen, so daß für die Gewährung eines Rückkaufswertes die notwendige Grundlage fehlt.

Bei der einfachen Rentenversicherung bildet sich zwar, ebenso wie bei der Risiko-Erlebensfallversicherung, ein Deckungskapital. Da der Versicherer aber bei der Prämienkalkulation von der Voraussetzung ausgegangen ist, daß die Deckungskapitalien der durch Tod erlöschenden Versicherungen auf die überlebenden Versicherten übergehen, wird das Deckungskapital in voller Höhe für die Sicherstellung der Versicherungsleistungen an die Überlebenden benötigt. Würde der Versicherer bei Kündigung einer solchen Versicherungsart den Rückkaufswert trotzdem auszahlen, so könnte hierdurch die Erfüllbarkeit der übrigen Versicherungen gefährdet werden. Hier verbietet sich also die Auszahlung von Rückkaufswerten.

Ob eine Lebensversicherung mit unbedingter Leistungspflicht vorliegt, ist nicht in jedem Fall und nicht ohne Schwierigkeit zu entscheiden. So hatte das Reichsaufsichtsamt über die Rückkaufsfähigkeit einer Lebensversicherung mit festem Auszahlungstermin zu befinden, die durch den Tod des Versorgers beitragsfrei geworden war. Trotz des Fehlens besonderer Vertragsbestimmungen bejahte es hier die Rückkaufsfähigkeit. Als Grundlage für die Bemessung des Rückkaufswertes sollte dabei das nach den geschäftsplanmäßig festgelegten Grundsätzen errechnete Deckungskapital dienen (VerAfP 1931, 102; 1932, 144).

Ebenfalls einer Klärung durch das Reichsaufsichtsamt bedurfte die Frage, ob bei Renten- oder Erlebensfallversicherungen mit Beitragsrückgewähr oder bei Todesfallversicherungen mit Erlebensfallbonifikation, soweit diese vom technischen Standpunkt aus[3] als ganz oder teilweise rückkaufsfähig angesehen werden konnten, die Voraussetzungen für die Anwendung des § 176 VVG vorliegen. Auch hier hat das Reichsaufsichtsamt grundsätzlich zu Gunsten der Versicherungsnehmer entschieden (VerAfP 1931, 103).

Es ist ferner zweifelhaft gewesen, ob und gegebenenfalls in welchem Umfang Kombinationen von Kapital- und Rentenversicherungen rückkaufsfähig sind. Hier kann nämlich, wenn man das Deckungskapital als Einheit betrachtet, der seltene Fall eintreten, daß der Rückkaufswert

---

[3] Vgl. hierzu 2. Kapitel, Abschnitt II 3.

über der für den Todesfall vorgesehenen Leistung liegt. Das Reichsaufsichtsamt hat in solchen Fällen verfügt, daß der überschießende Betrag nicht ohne weiteres einbehalten werden kann, aber erst ein Jahr nach Beantragung des Rückkaufswertes auszuzahlen ist, vorausgesetzt, daß der Versicherte zu diesem Zeitpunkt noch lebt. Das Reichsaufsichtsamt hat ferner den Standpunkt vertreten, daß bei beitragsfreien Versicherungen die Verwaltungskostenrückstellung und, sofern bei beitragspflichtigen Versicherungen eine Verwaltungskostenrückstellung zu bilden war, auch diese in der im Zeitpunkt der Vertragsauflösung maßgebenden Höhe rückkaufsfähig ist (VerAfP 1934, 124)[4].

II. Die rechtliche Natur des Rückkaufes

Die Bezeichnung „Prämienrückkauf" entstammt der Versicherungspraxis. Es ergibt sich deshalb für die rechtliche Natur des Rückkaufs die Frage, ob diese Bezeichnung das juristische Verhältnis richtig wiedergibt. Handelt es sich hier wirklich um einen Kauf, also ein zweiseitiges Rechtsgeschäft, oder kann der Rückkauf schon durch die einseitige Willenserklärung des Versicherungsnehmers bewirkt werden[1]?

Engelbrecht[2] vertritt die Ansicht, daß der Versicherer dem Versicherungsnehmer gegen Übernahme der Verpflichtung zur Leistung der Prämie zunächst das Recht auf die Versicherungssumme verkauft und sich dabei verpflichtet, dieses Recht unter gleichzeitiger Tilgung des Rechtes des Versicherers auf die weitere Prämienzahlung zurückzukaufen, sobald gewisse, vertraglich festgelegte Bedingungen erfüllt sind. So gesehen, handelt es sich also um einen Kauf, bei dem es darauf ankommt, den wirklichen Wert des Rechtes des Versicherungsnehmers auf die Versicherungssumme und des Versicherers auf die Prämienzahlung zu bestimmen.

Julliot de la Morandière bezeichnet in seinem Werk „De la réserve mathématique"[3] den Rückkauf einer Lebensversicherung als „die vorzeitige Zahlung der Versicherungssumme". Er geht von der Auffassung aus, daß der Versicherungsnehmer nur ein Recht auf die Versicherungssumme besitze, auf die volle, wenn alle Prämien gezahlt sind, auf die verminderte, wenn nur ein Teil der Prämien entrichtet ist. Der Anspruch auf den Rückkaufswert ist also identisch mit dem Anspruch auf die Versicherungssumme. Der Versicherungsnehmer hat je nach der Ver-

---

[4] So *Falter*, E.: Rückkauf. In: Finke, E.: HdV, a. a. O., Sp. 1756.

[1] So *Bosshart*, A.: Rückkauf und Umwandlung einer Lebensversicherung, Diss. Zürich 1927, S. 48.

[2] *Engelbrecht*, G.: Die rechtliche und technische Natur des Rückkaufs in der Lebensversicherung. In: Assekuranz-Jahrbuch, 29. Bd., Wien 1908, S. 116 ff.

[3] *Morandière*, Julliot Leon de la: De la Réserve Mathématique des primes dans L'Assurance, Thèse, Paris 1909, S. 498.

sicherungsart eine bedingte oder befristete Forderung. Will der Versicherungsnehmer das Versicherungsverhältnis vorzeitig auflösen, so kann er den Versicherer dazu veranlassen, auf die Bedingung oder Befristung zu verzichten. Der Versicherer wird dann den Wert, den die Bedingung oder Befristung für ihn darstellt, bei vorzeitiger Zahlung der Versicherungssumme von der vollen versicherten Summe absetzen und kommt so zum gegenwärtigen Wert der Police. Der Rückkauf bedarf auch nach dieser Ansicht einer Einigung der Vertragsparteien. Jedoch bedeutet diese Einigung nicht den Abschluß eines Kaufvertrages, sondern Novation. Die Forderung des Versicherungsnehmers soll statt bedingt oder befristet wie bisher, nunmehr unmittelbar fällig werden.

Die dargestellten Meinungen über die rechtliche Natur des Rückkaufes nehmen den Abschluß eines neuen Vertrages an. Der Wille des Versicherungsnehmers allein kann den Rückkauf nicht bewirken, er bedarf der Zustimmung des Versicherers. Der Rückkauf ist ein selbständiger Vertrag, der das bisherige Versicherungsverhältnis aufhebt. Dieser sog. Rückkaufvertrag wird allerdings nicht erst auf den Austrittsantrag des Versicherten hin frei vereinbart, sondern die Versicherungsgesellschaft erklärt sich schon beim Abschluß des Versicherungsvertrages unter bestimmten Voraussetzungen und Bedingungen hierzu bereit. Enthalten die Versicherungsbedingungen Angaben über die Höhe des Rückkaufswertes, so hat man diese tabellarischen Aufstellungen auch als Offerten bezeichnet, welche beim Rückkauf angenommen werden müßten und somit auch den Rückkauf als zweiseitiges Rechtsgeschäft charakterisieren wollen[4].

Wir können dieser Ansicht nicht zustimmen. Durch die Festlegung des Rückkaufswertes bekundet die Gesellschaft nur ihre Bereitwilligkeit, den Rückkaufspreis auf Verlangen zu gewähren, und legt denselben zur Orientierung des Versicherten im voraus fest. „Dies hindert nicht, daß der Rückkauf ein bloß einseitiges Rechtsgeschäft ist. Wer ihn verlangt, hebt die Versicherung einseitig auf. Der Versicherer muß sich das gefallen lassen, da die Versicherten ein Recht auf den Rückkauf haben[5]." Mit der Aufhebung des Vertrages verlangt der Versicherte zugleich den Rückkaufswert. Der Versicherer kann sich nicht weigern, sondern hat nach den vom Versicherungsaufsichtsamt genehmigten Rechnungsgrundlagen die Höhe der Abgangsvergütung zu bestimmen und herauszugeben.

Die Feststellung, daß der Rückkauf ein Rechtsgeschäft ist, das der Mitwirkung des Vertragsgegners nicht bedarf, und folglich das gesetz-

---

[4] So: Urteil des Tribunal de la Seine, vom 2. Juli 1889; Cour de Chambérg, vom 1. Februar 1892. In: ZVersWiss., 6. Bd., Berlin 1906, S. 473.

[5] *Koenig*, H.: Die vermögenswerten Rechte aus dem Lebensversicherungsvertrag, Diss. Bern 1906. In: ZVersWiss., 6. Bd., Berlin 1906, S. 473.

lich gewährte Recht, das Versicherungsverhältnis aufzuheben, schon durch eine einseitige, empfangsbedürftige Willenserklärung verwirklicht wird, scheint mir rechtlich klar begründet. Die Willenseinigung bei Abschluß eines Versicherungsvertrages geht dahin, daß der Versicherungsnehmer ein Auflösungsrecht haben soll, und nicht, daß unter gewissen Bedingungen ein neuer Vertrag abgeschlossen werden soll. Würde der Versicherungsnehmer bei Vertragsschluß nur einem Teil der Versicherungsbedingungen zustimmen und den Bedingungen über den Rückkauf erst zu einem späteren Zeitpunkt, so müßte das im Vertrag ausdrücklich festgehalten sein. Ist im Vertrag hierüber nichts niedergelegt, so ist es ganz klar, daß der Rückkauf kein neuer Vertrag ist und der Versicherungsnehmer somit ein gesetzliches Rückkaufsrecht hat. Durch die Tatsache aber, daß das Gesetz dem Versicherungsnehmer die Pflicht auferlegt sich über den Rückkauf in den Bedingungen auszusprechen, kann nun nicht plötzlich ein gesetzlicher Zwang zum Vertragsabschluß konstruiert werden. Dies wäre zu gekünstelt und würde dem eigentlichen Willen des Gesetzgebers zuwider laufen, der damit nur die weitgehend unklaren Vorstellungen über den Prämienrückkauf beseitigen wollte[6].

Ein einseitiges Rechtsgeschäft ist der Rückkauf einer Lebensversicherung auch dann, wenn man den als Ausübung eines Gestaltungsrechts betrachteten Wiederkauf im Sinne des Obligationsrechtes auffaßt. Das Gestaltungsrecht hat die Aufgabe, die Wirkungen des zugrunde liegenden Vertrages rückgängig zu machen. Während aber der Wiederkauf an einen Kaufvertrag anknüpft, beruht der Rückkauf der Lebensversicherung auf dem Versicherungsvertrag. Beim Wiederkauf einer verkauften Forderung ist die Begründung eines Kaufverhältnisses das wesentliche Merkmal: Der Rückkaufsberechtigte hat ein rechtsbegründendes Gestaltungsrecht. Dagegen ist beim Rückkauf einer Versicherung die Auflösung des Vertrages hervorzuheben: Der Versicherungsnehmer hat ein aufhebendes Gestaltungsrecht. Durch die Ausübung dieses Rechtes wird aber niemals ein Kaufverhältnis begründet[7].

So kann mit Botschaft[8] zusammenfassend festgestellt werden: „In der Bezeichnung Rückkauf prägt sich der juristische Gehalt des Rechtsaktes nicht klar aus, weder in seinen Voraussetzungen, noch in seinen Wirkungen." Der Rückkauf ist eine einseitige empfangsbedürftige Willenserklärung. Er tritt nie ipso jure, sondern nur auf Verlangen des Forderungsberechtigten ein. Von dem Rückkauf einer Verpflichtung

---

[6] Vgl. hierzu Bosshart, A.: Rückkauf und Umwandlung einer Lebensversicherung, a. a. O., S. 50 f.; Koenig, W.: Schweizerisches Privatversicherungsrecht, 2. ergänzte Aufl., Bern 1960, S. 357; Falter, E.: Rückkauf. In: Finke, E.: HdV, a. a. O., Sp. 1759.

[7] So Bosshart, A.: Rückkauf und Umwandlung einer Lebensversicherung, a. a. O., S. 51.

[8] Botschaft: Deutscher Entwurf zum VVG, S. 87.

kann weder beim Versicherungsnehmer noch beim Versicherer gesprochen werden. Zwar könnte man dies noch eher von dem Versicherer behaupten, daß er sich durch die Gewährung des Rückkaufswertes von der Verpflichtung zur Zahlung der Versicherungssumme „loskauft". Aber dem Versicherer steht ein freiwilliges Rücktrittsrecht überhaupt nicht zu. Der aus der Versicherungspraxis[9] stammende Ausdruck „Rückkauf", der auf ein zweiseitiges Rechtsgeschäft schließen läßt, entspricht der juristischen Natur in keiner Weise und ist daher unzutreffend. Da er sich aber in der versicherungsrechtlichen Literatur schon fest eingebürgert hat, ist er — vielleicht etwas zu bedenkenlos — auch von der Gesetzgebung übernommen worden. Oft werden die Begriffe Rückkauf und Kündigung stellvertretend füreinander verwandt. Im Interesse der Klarheit sind diese jedoch streng voneinander zu trennen, denn Kündigung ist nicht gleich Rückkauf, sondern die Voraussetzung für die Geltendmachung des Rückkaufes. Da jedoch in der Praxis eine Kündigung regelmäßig einen Prämienrückkauf zur Folge hat — sofern die Versicherung einen Rückkaufswert besitzt —, während umgekehrt in dem Verlangen des Rückkaufswertes gemäß § 133 BGB eine Kündigungserklärung zu erblicken ist, ist die synonyme Anwendung beider Begriffe vertretbar.

III. Die Kündigung als Voraussetzung der Ausübung des Rückkaufes

1. Die Kündigung als Gestaltungsrecht
des Versicherungsnehmers

a) Das freie Kündigungsrecht

Ein Lebensversicherungsvertrag bindet in der Regel beide Vertragsparteien auf viele Jahre. Wer sich aber auf so lange Zeit zu wiederkehrenden Leistungen verpflichtet, muß die Möglichkeit haben, die Fesseln des Vertrages abzuschütteln, denn eine so weitgehende wirtschaftliche Bindung ist mit der Unberechenbarkeit des menschlichen Schicksals und der oft völligen Umbildung der Verhältnisse unvereinbar. Dies meint auch Kinkelin[1], wenn er sagt: „Die Lebensversicherungsverträge sind Verträge, welche für die ganze Lebensdauer des Versicherten in Kraft sein sollen. Theoretisch könnte man sich fragen, ob eine solche Bindung für das ganze Leben überhaupt ein sittlicher Vertrag und rechtlich zulässig sei." Die Möglichkeit, den Lebensversicherungsvertrag ex nunc aufzulösen, liegt daher im innersten Wesen dieses Vertrages begründet

---

[9] So *Nöbel*, H.: Das Deckungskapital in der Lebensversicherung, Leipziger rechtswissenschaftliche Studien, Heft 45, 1930, S. 51.
[1] *Kinkelin*: Protokoll der technischen Subkommission, S. 51. In: ZVersWiss., 6. Bd., Berlin 1906, S. 420.

und der Gesetzgeber kam nur einer Forderung des Rechts und der Billigkeit nach, wenn er dem Versicherungsnehmer das freie Kündigungsrecht über den Lebensversicherungsvertrag einräumte.

Im französischen VVG[2] will man den Schutz des Versicherungsnehmers unter anderem dadurch erreichen, daß man die Prämienforderung der Klagbarkeit entzieht. Die Pflicht des Versicherungsnehmers, seine Vertragsleistung zu erfüllen, bleibt zwar bestehen, aber der Versicherer hat kein direktes Mittel, um den Schuldner zur Erfüllung zu zwingen. Die Prämienforderung des Versicherers wird damit zu einer Naturalobligation und wie Spiel- und Wettschulden (§ 762 BGB) behandelt.

Im deutschen Recht findet sich keine ähnliche Bestimmung, wonach die Prämienforderung eine unvollkommene Obligation sei und deshalb unklagbar wäre. In einem Gutachten vom 16. Mai 1953[3] empfiehlt das Bundesaufsichtsamt den Versicherern jedoch, von einer zwangsweisen Einziehung der Prämien abzusehen, weil der Versicherungsprozeß als Massenerscheinung den Ruf dieses Wirtschaftszweiges erheblich schädigen würde und eine durch Prozeß erzwungene Versicherungsgemeinschaft ein Widerspruch in sich selbst wäre. Die Prämienbeitreibung im Klagewege wäre auch schon deshalb verfehlt, weil ja der Versicherungsnehmer darauf mit seinem Vertragsauflösungsrecht (§ 165 VVG) antworten könnte. Der Versicherungsnehmer hat also die Möglichkeit, sich nach Zahlung der ersten Jahresprämie jederzeit durch vollständige oder teilweise Auflösung des Versicherungsvertrages von seinen Vertragspflichten zu befreien.

b) Die wirtschaftlichen und rechtlichen Grundlagen des freien Kündigungsrechts

aa) Hinweis auf die lange Dauer des Versicherungsvertrages

Das Hauptargument zur Rechtfertigung des freien Kündigungsrechts des Versicherungsnehmers ist der Hinweis auf die lange Dauer des Lebensversicherungsvertrages. Schon unser Zivilrecht schützt keine vertragliche Bindung auf Lebenszeit, sobald persönliche Verhältnisse mit im Zusammenhang stehen. Man denke hierbei etwa an die Vorschriften der §§ 624 und 724 BGB, wonach ein Dienstvertrag, der für längere Zeit als fünf Jahre eingegangen ist, nach Ablauf von fünf Jahren, eine Gesellschaft auf Lebenszeit jederzeit gekündigt werden kann. Das Privatrecht verfolgt also das Prinzip, daß ein einseitiger Rücktritt vom Vertrag überall da zu gewähren ist, wo der Vertrag auf eine ungebührliche

---

[2] Code Civil — Assurances, Art. 75 Abs. 1.
[3] I, 7 — 1354/52. In: VA, Berlin 1952, S. 162.

wirtschaftliche oder persönliche Bindung und Beengung hinauslaufen würde[4].

Bosshart[5] anerkannte dieses Argument nicht als überzeugend. Er will die Frage, ob die Beschränkung der persönlichen Freiheit eine übermäßige ist, auf das Verhältnis des Interesses des Gläubigers zu dem für den Schuldner erwachsenden Nachteil abgestellt wissen. Je schutzwürdiger das Interesse des Gläubigers an der Leistung des Schuldners ist, umso größer ist das Maß der als zulässig geltenden Bindung des Schuldners.

Wir können uns dieser Auffassung nicht anschließen, denn sie würde das Kündigungsrecht des Versicherungsnehmers von der individuellen Beurteilung des Einzelfalles durch den Versicherer abhängig machen. Da dem Versicherer selbstverständlich an der Erhaltung der guten Risiken sehr gelegen ist, wäre in diesen Fällen sein schutzwürdiges Interesse meist das weitergehende. Es würden daher nur die schlechten Risiken aus dem Versicherungsvertrag entlassen, so daß der Willkür hier Tür und Tor geöffnet wären.

bb) Die persönlichen Verhältnisse des Versicherten

Ein weiteres Argument zugunsten des freien Rücktrittsrechtes des Versicherungsnehmers geht davon aus, daß die Versicherung für den Versicherungsnehmer nicht nur eine finanzielle Belastung bedeutet, sondern auch die Person des Versicherten ergreift. Daher müsse die Kündigung dem persönlich freien Ermessen des Versicherungsnehmers anheimgestellt werden. König[6] meint hierzu: „Die Gründe, welche dazu geführt haben, jedem Genossenschaftler ein persönliches, unentziehbares Recht auf den Austritt zuzugestehen (§ 65 GenG), können wir analog auch bei der Lebensversicherung anwenden. Ja sie gelten hier noch in höherem Maße."

Dieser Ansicht kann man wohl nicht bedenkenlos beipflichten. Zwar werden durch den Abschluß eines Vertrages, dessen Wirksamkeit an das Leben eines der Kontrahenten geknüpft ist, dessen persönliche Verhältnisse ergriffen. Doch kann man daraus nicht ohne weiteres auf ein freies Kündigungsrecht schließen, denn wie gestaltet sich der Sachverhalt, wenn Versicherungsnehmer und Versicherter auseinanderfallen? Der Versicherungsvertrag ergreift dann beim Versicherungsnehmer die wirtschaftliche Sphäre, während er beim Versicherten die Person erfaßt. Das Kündigungsrecht steht in diesem Fall aber nur dem Versicherungs-

---

[4] Vgl. *Koenig*, H.: Die vermögenswerten Rechte aus dem Lebensversicherungsvertrag, a. a. O., S. 421.

[5] *Bosshart*, A.: Rückkauf und Umwandlung einer Lebensversicherung, a. a. O., S. 10.

[6] *Koenig*, H.: Die vermögenswerten Rechte aus dem Lebensversicherungsvertrag, a. a. O., S. 421.

nehmer zu, ja der Versicherte braucht hierbei nicht einmal zuzustimmen. Wenn Versicherter und Versicherungsnehmer zusammenfallen, muß diese Regelung analog Anwendung finden, denn es ist nicht einzusehen, weshalb jemand kündigungsberechtigt sein soll, wenn er zugleich Versicherter und Versicherungsnehmer ist, während er als Versicherter kein Auflösungsrecht hat. Die persönlichen Verhältnisse des einzelnen Versicherten können daher für das freie Kündigungsrecht eines Versicherungsvertrages nicht von ausschlaggebender Bedeutung sein[7].

cc) Billigkeitserwägungen

Die Praxis zeigt, daß ein Erzwingen der vom Versicherungsnehmer geschuldeten Leistungen oft zu großen Unbilligkeiten führen würde. Deshalb sind Billigkeitserwägungen eine wesentliche Argumentation zugunsten des freien Kündigungsrechts des Versicherungsnehmers. Bei Abschluß eines Lebensversicherungsvertrages geben für den Versicherungsnehmer stets eine Reihe von Umständen und Rücksichten den Ausschlag, die sehr stark den Wechselwirkungen des Lebens unterworfen sind. Die Verhältnisse und Motive, die zum Vertragsabschluß geführt haben, können sich im Laufe der Zeit vollständig ändern. So kann z. B. eine Fürsorgepflicht wegfallen, weil der Begünstigte verstorben ist, oder eine Hypothek, zu deren Sicherheit die Versicherung genommen war, wurde getilgt. Auch kann die Versicherung lästig werden, wenn der Versicherungsnehmer seinen Wohnsitz in ein Land verlegt, in dem der Versicherer keine Niederlassung hat. In diesen Fällen verliert die Versicherung für den Versicherungsnehmer oft jegliches Interesse. Ferner können sich die finanziellen Verhältnisse des Versicherungsnehmers vollständig ändern. Die Leistungsfähigkeit und die Erwerbsgrundlage des Prämienschuldners können so weit sinken, daß die Weiterführung der Versicherung zur Unmöglichkeit wird. Es wäre eine unbillige Härte, wenn ein Versicherungsnehmer, welcher aus einem der oben aufgezeigten Gründe kein Interesse mehr an der Fortführung der Versicherung hat oder sich in so bedrängter finanzieller Lage befindet, daß er kaum den Lebensunterhalt bestreiten kann, zu weiteren Prämienzahlungen gezwungen werden könnte. Der Versicherer würde durch die Erzwingung der Prämienzahlung oftmals zum endgültigen Ruin des Versicherungsnehmers beitragen. Die Unberechenbarkeit des menschlichen Schicksals fordert daher für den Versicherungsnehmer die Möglichkeit des freien Kündigungsrechts.

Führen aber die gleichen Erwägungen nicht auch dazu, dem Versicherer das freie Kündigungsrecht zuzugestehen? Auch er geht eine zukünf-

---

[7] So *Bosshart*, A.: Rückkauf und Umwandlung einer Lebensversicherung, a. a. O., S. 11 f.

tige Verpflichtung ein, wobei er nicht weiß, ob die Grundlagen seiner
Berechnungen, Sterbetafeln und Zinsfuß, in der Folgezeit konstant bleiben werden. Es ist im Gegenteil erwiesen, daß der Zinsfuß großen
Schwankungen unterliegt und die Sterblichkeit in Wirklichkeit anders
verläuft, als die Tafeln angeben[8].

Wollten wir aber wegen dieser Veränderungen auch ihm das Recht
geben, die geschlossenen Verträge aufzulösen, so würde das Lebens-
versicherungsgeschäft stark beeinträchtigt und im innersten Kern verletzt. Es bildet gerade den Wesensgehalt eines Versicherungsvertrages,
daß der Versicherer für alle Eventualitäten haftet, ungeachtet inzwischen eingetretener wirtschaftlicher Veränderungen. Der Vertrag ist ja
in erster Linie darauf gerichtet, gegen ungünstige Veränderungen der
Zukunft Sicherheit zu gewähren, und darauf soll sich der Versicherungsnehmer verlassen können[9].

Wenn wir diese unterschiedliche Anwendung des freien Kündigungsrechts befürworten, so nicht zuletzt deshalb, weil das freie Kündigungsrecht des Versicherungsnehmers entscheidend zur Förderung des Insti-
tuts der Lebensversicherung beigetragen hat. Wäre das freie Kündigungsrecht des Versicherungsnehmers nicht gesetzlich verankert, so
würde gewiß mancher vor dem Abschluß eines Lebensversicherungsvertrages zurückschrecken. Niemand kann die Zukunft voraussehen, und
daher würde es höchstens die vermögende Klasse wagen, sich auf einen
längeren Zeitraum zu wiederkehrenden Leistungen zu verpflichten. Gerade diese Bevölkerungsschicht bedarf aber am wenigsten einer Versicherung. So verdankt die Lebensversicherung ihre Verbreitung und
Popularität zu einem wesentlichen Teil dem freien Kündigungsrecht des
Versicherungsnehmers, das somit auch im Interesse der Versicherungsgesellschaften liegt. Diese Ansicht vertritt auch Roelli[10], wenn er schreibt:
„Die Lebensversicherung hätte sich nicht entwickeln können, wenn der
Versicherungsnehmer ungeachtet der häufig eintretenden Änderungen
seiner Lebensverhältnisse an den Vertrag gebunden wäre. Dem Mittel-
stand, welcher der Lebensversicherung das beste Element liefert, wäre
die Wohltat der Versicherung geradezu versagt."

2. Das Recht zur Kündigung

a) Voraussetzungen

Nach § 165 VVG ist jeder Lebensversicherungsvertrag, für den laufende Prämien zu entrichten sind, kündbar. Bei Kapitalversicherungen

---

[8] Vgl. hierzu 2. Kapitel, Abschnitt V 3 ff.
[9] Vgl. *Koenig*, H.: Die vermögenswerten Rechte aus dem Lebensversicherungsvertrag, a. a. O., S. 423.
[10] *Roelli*: Referat. Verhandlungen des schweizer Juristenvereins 1899, S. 149.

mit unbedingter Leistungspflicht steht dem Versicherungsnehmer das Kündigungsrecht auch dann zu, wenn die Prämie in einer einmaligen Zahlung besteht (§ 165 VVG). Das Kündigungsrecht des Versicherungsnehmers ist unabdingbar. Dabei ist es völlig gleichgültig, aus welchem Grunde der Vertrag eine Erschwerung der Kündigung vorsieht. Sie ist selbst dann unwirksam, wenn der Ausschluß der Kündigung zur Sicherung einer Vorauszahlung auf die Versicherungssumme dient[11]. Eine gegenteilige Meinung vertreten allerdings Bruck-Doerstling[12]. Sie glauben, daß sich der Versicherer zur Sicherung eines dem Versicherungsnehmer gewährten Darlehens sämtliche Rechte, insbesondere auch das Kündigungsrecht, abtreten lassen kann und dem Versicherungsnehmer, der Prämienschuldner bleibt, die Kündigungsbefugnis dadurch so lange entzogen wird, bis er das Darlehen zurückgezahlt hat und ihm die Rechte aus dem Versicherungsvertrag zurückübertragen sind.

b) Berechtigter

Wenn alle Rechte und Pflichten aus einem Versicherungsvertrag derselben Person zustehen, ist die Entscheidung unproblematisch.

Sind an einem Lebensversicherungsvertrag mehrere Personen beteiligt, so ist zu unterscheiden:

1. Alle Rechte und Pflichten stehen mehreren Personen zu, entweder als Gesamtgläubigern (§ 482 BGB), Gesamthandsgläubigern (z. B. Erbengemeinschaft) oder als Bruchteilsgläubigern (§ 420 BGB).
2. Die verschiedenen Rechte und Pflichten aus dem Versicherungsvertrag sind unter mehrere Personen aufgeteilt.

Zu 1:

Fälle der Gesamtgläubigerschaft sind praktisch selten[13]. Eine Gesamtgläubigerschaft wäre anzunehmen, wenn nach dem Versicherungsvertrag mehrere in der Weise berechtigt wären, daß jeder selbständig kündigen und jeder die gesamten Leistungen verlangen könnte und nur im Innenverhältnis Bindungen zwischen den beiden Gesamtgläubigern vorhanden sein würden. Häufiger ist die Gesamthandsgläubigerschaft. Hauptfälle sind die Erbengemeinschaft, die Gesellschaft des BGB und die eheliche und die fortgesetzte Gütergemeinschaft. Hier steht der Anspruch den mehreren Berechtigten zur gesamten Hand zu. Der einzelne

[11] So *Prölß*, E.: VVG, Kurz-Kommentar, 14. Aufl., München-Berlin 1963, Anm. 6 zu § 165 VVG.

[12] *Bruck-Doerstling:* Das Recht des Lebensversicherungsvertrages, Kommentar, 2. Aufl., Mannheim-Berlin-Leipzig 1933, Anm. 4 zu § 6.

[13] *Palandt-Danckelmann:* Kurz-Kommentare zum BGB, 23. Aufl., München-Berlin 1964, Anm. 1 zu § 428 BGB.

Gesamthänder allein kann über sie weder ganz noch teilweise verfügen. Er kann sie insbesondere nicht allein kündigen und einziehen[14].

Bei der Erbengemeinschaft (und in rechtsähnlicher Anwendung des § 2039 BGB) kann zwar jeder einzelne Gesamthänder den Anspruch allein geltend machen; diese Bestimmung gilt jedoch nicht für Rechte ohne eigentlichen Anspruchscharakter. Die Ausübung solcher Rechte steht allen Gesamthändern nur gemeinsam zu, insbesondere kann die Kündigung, da sie eine Verfügung enthält[15], nur gemeinschaftlich erfolgen[16]. Im Falle der Berechtigung nach Bruchteilen, ist jeder nach seinen Anteilen kündigungsberechtigt.

Zu 2:

Sind die Rechte und Pflichten aus dem Versicherungsvertrag unter mehrere Personen aufgeteilt, so können folgende Hauptfälle unterschieden werden:

a) Abtretung und Sicherungsabtretung

b) Verpfändung

c) Pfändung und Konkurs

d) Bezugsberechtigung.

Die Entscheidung in allen diesen Fällen, die man zusammengefaßt als Fälle der Drittberechtigung bezeichnen kann, ist einfach, wenn man das Kündigungsrecht als höchstpersönliches Recht ansieht. Das ist jedoch in dieser entschiedenen Form nicht angängig[17]. Die abweichende Meinung von Palandt[18] verdient keinen Beifall, denn wie Bruck-Doerstling[19] richtig ausführen, muß, da das Recht auf die Versicherungssumme einen Vermögenswert darstellt, auch das aus ihm fließende Gestaltungsrecht der Kündigung und damit auch der Rückkauf vermögensrechtlicher Natur sein, zumal Sondernormen nicht entgegenstehen. Wir werden allerdings gleich sehen, daß in der Lehre von der Höchstpersönlichkeit des Kündigungsrechts doch ein beachtlicher Kern steckt.

Die in der Literatur zu findenden Stellungnahmen sind nicht ganz eindeutig. Meist wird nicht scharf getrennt zwischen den verschiedenen

---

[14] *Palandt-Danckelmann:* Kurz-Kommentar zum BGB, a. a. O., Anm. 4 b, aa vor § 420 BGB.

[15] Vgl. *Palandt-Danckelmann:* Kurz-Kommentar zum BGB, a. a. O., Anm. 3 d vor § 104 BGB.

[16] *Palandt-Keidel:* Kurz-Kommentar zum BGB, a. a. O., Anm. 2 zu § 2039 BGB; RGZ 65, S. 5.

[17] *Prölß, E.:* VVG, Kurz-Kommentar, a. a. O., Anm. 5 zu § 165 VVG und Anm. 7 zu § 15 ALVB a. F.; *Bruck-Doerstling:* Das Recht des Lebensversicherungsvertrages, a. a. O., S. 102; RG 8. 4. 07 VerAfP 1908 Nr. 357 = LZ 437; KG 5. 6. 29 JR 1929, S. 298.

[18] *Palandt-Hoche:* Kurz-Kommentar zum BGB, a. a. O., Anm. 3 zu § 1283 und RGRK Anm. 1 zu § 1283.

[19] *Bruck-Doerstling:* Das Recht des Lebensversicherungsvertrages, a. a. O., Anm. 8 der Vorbem. zu §§ 5—7.

Möglichkeiten, die die Beteiligten überhaupt haben, und der Auslegung in den Fällen, in denen ausdrücklich vertragliche Bestimmungen über die Kündigungsberechtigung fehlen. Auch sind zumeist eingehende Begründungen nicht vorhanden. Um zur richtigen Lösung zu gelangen, muß man die Interessenlage betrachten. In allen Fällen der Drittberechtigung, d. h. bei Auseinanderfallen von Versicherungsnehmer und aus dem Versicherungsvertrag Berechtigtem treten zwei Interessengruppierungen auf:

1. Das Interesse des Versicherungsnehmers an der jederzeitigen Kündigungsmöglichkeit und demgegenüber das Interesse des Drittberechtigten, die Versicherungssumme und nicht nur den Rückkaufswert zu bekommen.

2. Das Interesse des Versicherungsnehmers auf Erhaltung der Versicherung und demgegenüber das Interesse des Drittberechtigten, den Rückkaufswert zu bekommen und nicht bis zum Ablauf der Versicherung warten zu müssen.

Bei der Entscheidung des ersten Interessenkonfliktes ist ausschlaggebend auf § 165 VVG abzustellen. Nach § 178 Abs. 1 VVG ist diese Vorschrift zwingend und unabdingbar. Über sie könnte man sich nur hinwegsetzen, wenn man den Drittberechtigten als Versicherungsnehmer betrachten könnte. Dies geht schon sprachlich nicht an, da der Versicherungsnehmer der unmittelbare Vertragspartner des Versicherers ist. Ohne ihn wäre überhaupt kein Versicherungsvertrag zustande gekommen. Ihm stehen daher grundsätzlich auch alle Rechte aus dem Versicherungsvertrag zu. Etwas anderes läßt sich nur dann vertreten, wenn das gesamte Vertragsverhältnis mit allen Rechten und Pflichten auf den Dritten übergeht. In diesem Fall ist selbstverständlich der neue Prämienzahler kündigungsberechtigter Versicherungsnehmer im Sinne des § 165 VVG.

Durch die zwingende gesetzliche Vorschrift des § 165 VVG ist somit die Entscheidung in dem Interessenkonflikt bereits in dem Sinne getroffen, daß das Kündigungsrecht des Versicherungsnehmers auf jeden Fall erhalten bleiben muß.

Das Interesse des Drittberechtigten, die Versicherungssumme und nicht nur den Rückkaufswert zu erhalten, ist gegenüber dieser zwingenden gesetzlichen Regelung weniger beachtenswert. Der Drittberechtigte kann sich von vornherein darauf einstellen, daß er unter Umständen nur den Rückkaufswert bekommen wird. Die Banken tragen diesem Umstand schon dadurch Rechnung, daß sie Lebensversicherungsverträge nur nach dem Rückkaufswert beleihen.

Gegen die damit gefundene Lösung spricht nicht, daß das Kündigungsrecht damit von dem Recht auf die Versicherungssumme getrennt wird, wie es der Fall ist, wenn dem Drittberechtigten nicht einmal ein Kündigungsrecht neben dem Versicherungsnehmer eingeräumt wird. Das Kündigungsrecht steht nämlich zum Recht auf die Versicherungssumme in keinem Akzessorietätsverhältnis. Wohl kann das Kündigungsrecht für sich nicht ohne das Recht auf die Versicherungssumme übertragen werden[20]. Das besagt jedoch nicht, daß das Kündigungsrecht unbedingt das Schicksal des Rechts auf die Versicherungssumme teilen müsse und von ihr nicht getrennt werden könne.

Im zweiten Kollisionsfalle muß das Interesse des Versicherungsnehmers auf Erhaltung der Versicherung zurücktreten, wenn er das Kündigungsrecht dem Drittberechtigten „ausdrücklich" mit übertragen hat. Eine gesetzliche Vorschrift, daß dem Versicherungsnehmer die Versicherung auf jeden Fall erhalten bleiben müsse, existiert nicht. Der Versicherungsnehmer hat also die freie Wahl, ob er das Kündigungsrecht auch dem Drittberechtigten mitübertragen will. Er darf nur auf sein eigenes Kündigungsrecht nicht verzichten, denn das würde § 165 VVG widersprechen.

Zweifelhaft kann nur sein, was gilt, wenn dem Dritten das Kündigungsrecht nicht ausdrücklich miteingeräumt wird. Hier muß die Auslegung helfen. Die Entscheidung ist für die vier Hauptfälle der Drittberechtigung getrennt zu treffen:

aa) Bei der Abtretung gewährt die herrschende Meinung[21] dem Zessionar ein Kündigungsrecht. Die gegenteilige Ansicht von Mueller[22], der ein Kündigungsrecht des Zessionars mit der Begründung ablehnt, das Kündigungsrecht sei „nicht selbständig verkehrsfähig", obwohl er es andererseits nicht als höchstpersönliches Recht gelten lassen will, ist vereinzelt geblieben. Bruck-Doerstling[23] werfen ihm mit Recht Widersprüchlichkeit vor.

Unklar bleibt bei der herrschenden Meinung allerdings, wie weit sie das Kündigungsrecht nur dem Zessionar und nicht auch dem Versicherungsnehmer zubilligt. Die Auffassung, daß bei der Abtretung sowohl der Versicherungsnehmer wie der Zessionar ein Kündigungsrecht hat, entspricht dem Wesen der Abtretung, das die Übertragung von Rechten zum Zwecke der Geltendmachung beinhaltet. Der Zessionar will im Zweifel nicht warten, bis die Versicherungssumme fällig wird. Der Zedent kann aber sein Interesse, die

---

[20] *Palandt-Danckelmann*: Kurz-Kommentar zum BGB, a. a. O., Anm. 1 c zu § 413; *Prölß*, E.: VVG, Kurz-Kommentar, a. a. O., Anm. 7 zu § 15 ALVB.

[21] So *Bruck*, E.: Reichsgesetz über den Versicherungsvertrag, 7. Aufl., Berlin-Leipzig 1932, Anm. 4 zu § 165 VVG; *Bruck-Doerstling*: Das Recht des Lebensversicherungsvertrages, a. a. O., Anm. 5 zu § 6; *Gottschalk*, A.: HansRGZ 1928, S. 23; *Prölß*, E.: VVG, a. a. O., Anm. 1 zu § 165 VVG.

[22] *Mueller*: ZVersWiss., 11. Bd., Berlin 1911, S. 29.

[23] *Bruck-Doerstling*: Das Recht des Lebensversicherungsvertrages, a. a. O., Anm. 5 zu § 6.

Erhaltung der Versicherung, in einfacher Weise dadurch wahren, daß er das Kündigungsrecht des Zessionars ausdrücklich ausschließt.

ab) Bei der Sicherungszession kann nichts anderes gelten. Zwar ist in der Rechtsprechung[24] anerkannt, daß im Innenverhältnis zwischen dem Zedenten und dem Zessionar der letztere zur Unterlassung der Kündigung verpflichtet sein kann. Wann dies im einzelnen der Fall ist, ist Tatfrage. Im Außenverhältnis muß jedoch, solange nicht ausdrücklich das Gegenteil vereinbart ist, dem Zessionar das Kündigungsrecht zugestanden werden. Dies entspricht dem Wesen des fiduziarischen Geschäfts, bei dem im Außenverhältnis mehr Rechte übertragen werden, als nach dem Innenverhältnis ausgeübt werden dürfen. Diese Auffassung hat auch den Vorteil, daß der Versicherer in allen Fällen der Abtretung davon ausgehen kann, daß jedenfalls ihm gegenüber der Zessionar kündigen und rückkaufen kann, solange nicht das Gegenteil ausdrücklich gesagt ist. Der Versicherer ist damit der für ihn oft schwierigen Prüfung des Innenverhältnisses enthoben. Damit soll freilich nicht gesagt sein, daß der Versicherer nicht das Recht und unter Umständen sogar die Pflicht hat, durch Rückfrage zu klären, wem die Parteien das Kündigungsrecht zugestehen wollten.

b) Bei der Verpfändung ist nach der herrschenden Meinung zur Kündigung durch den Versicherungsnehmer stets die Zustimmung des Pfandgläubigers erforderlich[25]. Diese Auffassung wird aus § 1276 BGB hergeleitet, wonach ein verpfändetes Recht nur mit Zustimmung des Pfandgläubigers aufgehoben (Abs. 1) oder geändert (Abs. 2) werden kann. Der herrschenden Meinung kann insoweit nicht gefolgt werden. Sie widerspricht der zwingenden Vorschrift des § 165 VVG. Diese Bestimmung muß dem § 1276 BGB als lex specialis vorgehen, da die Besonderheiten der Verpfändung von Versicherungsansprüchen dazu zwingen, zumal nicht ersichtlich ist, daß § 1276 BGB insoweit nicht abdingbar wäre. Wer sich eine Versicherung verpfänden läßt, kann mit Sicherheit nur auf den Rückkaufswert rechnen. Sein Pfandrecht wird also letzten Endes durch das dem verpfändeten Recht immanente Kündigungsrecht des Versicherungsnehmers nicht im Sinne des § 1276 BGB beeinträchtigt.

Ob neben dem Versicherungsnehmer auch der Pfandgläubiger kündigen kann, ist in der Literatur umstritten. Hier ist wiederum zu unterscheiden, ob ihm dieses Recht ausdrücklich eingeräumt wurde oder nicht. Keine ausdrückliche Einräumung stellt es dar,

---

[24] RG LZ 1907 S. 438.
[25] So *Bruck-Doerstling:* Das Recht des Lebensversicherungsvertrages, a. a. O., Anm. 5 zu § 6; *Bruck,* E.: Reichsgesetz über den Versicherungsvertrag, a. a. O., Anm. 4 zu § 165 VVG.

wenn nur allgemein die Rechte aus der Police verpfändet sind. Es muß ausdrücklich von der Mitverpfändung des Kündigungsrechts die Rede sein. Ist das nicht der Fall, so kann der Pfandgläubiger nicht kündigen[26].

Diese Auffassung entspricht dem Willen des Verpfänders, der im Gegensatz zum Zedenten nur eine Sicherheit geben will und nicht damit rechnet, daß das Pfand verfällt. „Das wesentliche Moment des Pfandrechts, die Sicherung für die Forderung, erfordert nicht die Kündigungsbefugnis"[27]. Hier ist unseres Erachtens das Interesse des Versicherungsnehmers an der Erhaltung der Versicherung in den Vordergrund zu stellen und es muß hier dem Pfandnehmer zugemutet werden, sich das Kündigungsrecht ausdrücklich mit verpfänden zu lassen. Damit ist auch eine klare Abgrenzung zur Sicherungszession erreicht, die eine Vollrechtsübertragung mit Beschränkung nur im Innenverhältnis darstellt, während die Verpfändung nur eine Teilrechtsübertragung ist.

Von dem hier vertretenen Standpunkt aus sind die Meinungen von Lederle, Mueller und Gottschalk abzulehnen, die dem Pfandgläubiger ein sehr weitgehendes Kündigungsrecht zugestehen. Lederle[28] nimmt zu unrecht Bezug auf die Reichsgerichtsentscheidung vom 8. 4. 07[29], die einen Fall der Zession, nicht einen solchen der Verpfändung zur Grundlage hatte. Eine analoge Anwendung der Grundsätze des Reichsgerichts ist nach dem oben Gesagten nicht angängig. Mueller[30] glaubt, dem Pfandgläubiger das Kündigungsrecht aus Billigkeitsgründen zusprechen zu müssen, weil ihm nicht zugemutet werden könne, unter allen Umständen bis zur Fälligkeit der Versicherungssumme zu warten. Vielmehr sei zu vermuten, daß dem Pfandgläubiger mit der Pfandbestellung stillschweigende Vollmacht erteilt worden sei, das Kündigungsrecht auszuüben, wenn die Pfandreife eingetreten und Befriedigung von dem Verpfänder nicht zu erlangen sei[31]. Dagegen läßt sich neben den angeführten Gründen sagen, daß der Pfandgeber im Normalfall, auch bei geringfügigem Verzug, nicht so schwerwiegende Nachteile wie den Verlust der Versicherung in Kauf nehmen will.

---

[26] *Bruck-Doerstling:* Das Recht des Lebensversicherungsvertrages, a. a. O., Anm. 5 zu § 6; *Knochenhauer,* W.: Das Recht der Lebens- und der Unfallversicherung, Berlin-Leipzig 1937, S. 63.

[27] *Bruck-Doerstling:* Das Recht des Lebensversicherungsvertrages, Anm. 5 zu § 6.

[28] *Lederle,* K.: Die Lebensversicherung unter besonderer Berücksichtigung ihrer rechtlichen Beziehung zum ehelichen Güterrecht, Erb- und Konkursrecht, Heidelberg 1913, S. 74 und 81.

[29] RG LZ 1907, S. 438.

[30] *Mueller:* ZVersWiss., 11. Bd., Berlin 1911, S. 29.

[31] Vgl. *Bruck-Doerstling:* Das Recht des Lebensversicherungsvertrages, Anm. 5 zu § 6.

Gottschalk[32] stellt auf § 1283 Abs. 3 BGB ab, wonach bei Pfandreife (§ 1228 Abs. 2 BGB) der Pfandgläubiger neben dem Pfandgeber zur Kündigung berechtigt ist. Wie Bruck-Doerstling[33] aber richtig ausführen, findet nicht § 1283 Abs. 3 BGB, sondern § 1282 BGB Anwendung. Im Normalfall ist nämlich überhaupt keine kündbare Forderung verpfändet, sondern nur das Recht auf die Versicherungssumme, das nicht durch Kündigung, sondern durch den Eintritt des Versicherungsfalles fällig wird.

Festzuhalten ist also, daß der Pfandgläubiger nur bei ausdrücklicher Einräumung des Kündigungsrechtes kündigen kann. Auch dann kann er dieses Recht erst ausüben, wenn die Pfandreife eingetreten ist (§ 1228 Abs. 2 BGB).

ca) Bei der Pfändung ist entscheidend auf das Prinzip der Klarheit der Vollstreckungshandlung abzustellen. Der Vollstreckungsgläubiger hat es in der Hand, den Gegenstand der Pfändung genau zu bezeichnen. Pfändet er nur die Versicherungssumme, oder drückt er sich unklar aus, so steht ihm im Zweifel das Kündigungsrecht nicht zu. Ist dem Klarheitserfordernis genüge getan, so kann der Vollstreckungsgläubiger, nach der Überweisung der Versicherungsforderung, das Kündigungsrecht ausüben[34].

In der Praxis kommt es oft durch unklare Bezeichnung des gepfändeten Gegenstandes zu Schwierigkeiten[35]. Es empfiehlt sich ausdrücklich im Pfändungsantrag zu erwähnen, daß auch das Kündigungsrecht mit gepfändet sein soll. Ist freilich das Rückkaufsrecht ausdrücklich gepfändet, so wird man einen derartigen Pfändungsantrag bei verständiger Auslegung dahin zu deuten haben, daß er das zur Verwirklichung des Rückkaufsrechts notwendige Kündigungsrecht mit umfaßt[36].

Keine Beachtung hat im deutschen Recht das Interesse des Versicherungsnehmers und seiner Hinterbliebenen an der Aufrechterhaltung des Versicherungsschutzes gefunden, im Gegensatz zum französischen Recht, wo man sich mehr zu Ungunsten des Vollstrekkungsgläubigers entschieden hat[37].

---

[32] *Gottschalk*, A.: HansRGZ 1929, S. 665 und 670.
[33] *Bruck-Doerstling*: Das Recht des Lebensversicherungsvertrages, a. a. O., Anm. 5 zu § 6.
[34] Vgl. *Bruck-Doerstling*: Das Recht des Lebensversicherungsvertrages, a. a. O., Anm. 5 zu § 6; *Prölß*, E.: VVG, Kurz-Kommentar, a. a. O., Anm. 1 zu § 165 VVG; *Bruck*, E.: Reichsgesetz über den Versicherungsvertrag, a. a. O., Anm. 4 zu § 165 VVG; *Manes-Hagen*: Kommentar zum Deutschen Reichsgesetz über den Versicherungsvertrag, Berlin 1908, S. 667.
[35] Vgl. hierzu: *Manes-Hagen*: Kommentar zum VVG, a. a. O., S. 667.
[36] So *Manes-Hagen*: Kommentar zum VVG, a. a. O., S. 667.
[37] Vgl. *Manes-Hagen*: Kommentar zum VVG, a. a. O., S. 666.

cb) Fällt der Versicherungsnehmer in Konkurs, so tritt hinsichtlich der Ausübung der Rechte aus dem Versicherungsvertrag der Konkursverwalter an die Stelle des Versicherungsnehmers. Der Konkursverwalter kann nach seinem Ermessen die Versicherung fortsetzen oder das Recht auf den Rückkaufswert geltend machen[38]. Liegt eine widerrufliche Bezugsberechtigung vor und ist der Versicherungsfall noch nicht eingetreten, so kann der Konkursverwalter selbst durch Erklärung des Widerrufs die Wirkung der Bezugsberechtigung wieder aufheben. Ist hingegen der Widerruf infolge Verzichts durch den Versicherungsnehmer oder infolge Eintritts des Versicherungsfalls ausgeschlossen, so bleibt dem Konkursverwalter nur die Anfechtung der Bezeichnung übrig[39].

d) Bei der Bezugsberechtigung sind die Fälle der widerruflichen und der unwiderruflichen Bezugsberechtigung auseinander zu halten. Es ist allgemein anerkannt, daß im Falle der widerruflichen Bezugsberechtigung lediglich der Versicherungsnehmer kündigen kann. Der widerruflich Bezugsberechtigte hat nur eine Anwartschaft, die ihm keinerlei Kündigungsrecht verleiht[40].

Die unwiderrufliche Bezugsberechtigung zieht den sofortigen Rechtserwerb der Bezugsberechtigten unter Wegfall des Widerrufs- und Änderungsrechtes des Versicherungsnehmers nach sich[41]. Der Versicherungsnehmer bleibt aber nach wie vor Vertragspartei. Er kann alle Gestaltungsrechte ausüben, er kann insbesondere kündigen (§ 165 VVG)[42].

Der Rückkaufswert fällt aber selbstverständlich an den Bezugsberechtigten[43]. Der Bezugsberechtigte selbst kann nicht kündigen und rückkaufen, denn der Versicherungsnehmer will nicht eine Wertevernichtung durch Ausübung des Rückkaufes, sondern die Zuwendung der Versicherungssumme bewirken.

Eine ausdrückliche Vereinbarung dahingehend, daß der unwiderruflich Bezugsberechtigte zur Kündigung und Ausübung des Rückkaufsrechtes befugt sei, muß für zulässig erachtet werden. Sie qualifiziert sich rechtlich als Abtretung des Rückkaufsrechts mit Kündigungsbefugnis und als Einräumung der Bezugsberechtigung.

---

[38] *Knochenhauer*, W.: Das Recht der Lebens- und der Unfallversicherung, a. a. O., S. 67.

[39] *Bruck-Doerstling*: Das Recht des Lebensversicherungsvertrages, a. a. O., Anm. 74 zu § 8.

[40] *Bruck*, E.: Reichsgesetz über den Versicherungsvertrag, a. a. O., Anm. 11 der Vorbem. zu §§ 166—168 VVG.

[41] *Bruck*, E.: Reichsgesetz über den Versicherungsvertrag, a. a. O., Anm. 14 der Vorbem. zu §§ 166—168 VVG.

[42] So RGZ, 154. Bd., Berlin-Leipzig 1937, S. 159.

[43] *Bruck*, E.: Reichsgesetz über den Versicherungsvertrag, a. a. O., Anm. 15 der Vorbem. zu §§ 166—168 VVG.

Dieser Fall unterscheidet sich von der Abtretung der Versicherungssumme und des Rückkaufswertes mit Kündigungsrecht dadurch, daß bei der Bezugsberechtigung ausdrücklich die Übertragung des Rückkaufsrechtes erklärt werden muß, während bei der Abtretung das Rückkaufsrecht im Zweifel mit übergeht.

c) Teilkündigung

Auch die teilweise Kündigung einer Lebensversicherung und damit teilweise Geltendmachung des Rückkaufswertes ist grundsätzlich möglich. Während jedoch nach der heute noch allgemein angewandten Vorschrift des § 6 Abs. 1 1. S. ALVB a. F. die verbleibende prämienpflichtige Versicherungssumme die geschäftsplanmäßige Mindestsumme nicht unterschreiten darf und durch 100 ohne Rest teilbar sein muß, fehlt in den ALVB n. F. eine derartige Bestimmung.

3. Die Kündigung

a) Rechtliche Natur

Die Kündigung ist eine einseitige empfangsbedürftige, rechtsgestaltende Willenserklärung. Sie stellt die Ausübung eines dem Versicherungsnehmer zustehenden Gestaltungsrechts dar. Da sie eine empfangsbedürftige Willenserklärung ist, setzt sie einmal Geschäftsfähigkeit voraus, zum zweiten trägt der Versicherungsnehmer die Gefahr des Zugehens. Ein Widerruf ist nur möglich bis zum Zeitpunkt des Zugangs der Erklärung, nicht etwa bis zur Vertragsauflösung[44].

b) Zeitpunkt

Die Kündigung kann jederzeit, spätestens am letzten Tag der jeweils laufenden Versicherungsperiode erfolgen, mithin auch vor dem materiellen Versicherungsbeginn und noch während des Laufs der letzten Versicherungsperiode. Dabei versteht man unter dem materiellen Versicherungsbeginn den Beginn des Versicherungsschutzes, im Gegensatz zum formellen Versicherungsbeginn, der durch die Annahme des Antrages herbeigeführt wird und dem technischen Versicherungsbeginn, dem Beginn des im Versicherungsschein angegebenen ersten Versicherungsjahres[45].

---

[44] So *Gantenbein*, B.: Die außerordentliche Beendigung des Versicherungsvertrages, Diss. Zürich 1939, S. 278.
[45] *Bruck-Doerstling*: Das Recht des Lebensversicherungsvertrages, a. a. O., Anm. 49 zu § 1.

Eine vor oder gleichzeitig mit dem Antrag auf Abschluß eines Versicherungsvertrages zugehende Kündigung hat als Widerruf des Antrags zu gelten. Erfolgt die Kündigung nach der Antragstellung, aber vor dem formellen oder dem materiellen Versicherungsbeginn, so wirkt sie auf den Schluß des ersten Versicherungsjahres, sofern nicht durch beiderseitiges Übereinkommen eine anderweitige Vereinbarung getroffen wurde. Versicherungen mit festem Auszahlungstermin können auch zwischen dem Tod des Versicherten und dem Fälligkeitstag der Versicherung gekündigt werden.

Die jederzeitige Kündigung kann nach § 165 Abs. 1 VVG in Übereinstimmung mit § 4 Abs. 1 ALVB n. F. allerdings nur auf den Schluß der laufenden Versicherungsperiode erfolgen. Geht dem Versicherer daher eine Kündigung erst im letzten Versicherungsjahr zu, so ist diese rechtlich unwirksam, da das Versicherungsverhältnis mit dessen Ablauf ohnehin endigt. Die Kündigung wird aber in der Regel in einen Antrag auf diskontierte sofortige Auszahlung der Versicherungssumme umzudeuten sein. wobei es im Belieben des Versicherers steht, diesem Wunsch nachzukommen oder ihn abzulehnen[46].

Nach § 6 Abs. 1 ALVB a. F. konnte der Versicherungsnehmer die Versicherung innerhalb des Versicherungsjahres mit Frist von drei Monaten auf den Monatsschluß, frühestens auf den Schluß des ersten Versicherungsjahres kündigen. Für die vor dem 12. 3. 1957 abgeschlossenen Versicherungen gilt diese Bestimmung noch auf Jahrzehnte. Aber auch für die nach obigem Zeitpunkt abgeschlossenen Verträge trifft diese Regelung meist noch zu, denn von wenigen Ausnahmen abgesehen haben die Versicherungsunternehmen die unterjährige Kündigung auch in ihren ALVB n. F. beibehalten. Da der Versicherungsnehmer hierdurch keinen rechtlichen Nachteil erleidet, ist diese Regelung auch hinsichtlich § 178 Abs. 1 VVG nicht zu beanstanden.

Da also das Kündigungsrecht mit einer Frist von drei Monaten auch heute noch den Regelfall bildet, werden wir unsere nachfolgenden Betrachtungen darauf abstellen.   ˙

c) Ausübender[47]

Zur Abgabe der Kündigungserklärung ist, wie bereits erwähnt, im allgemeinen der Versicherungsnehmer berechtigt. Ist der Versicherungs-

---

[46] Vgl. hierzu *Bruck*, E.: Das Privatversicherungsrecht, Mannheim-Berlin-Leipzig 1930, S. 257; *Bruck-Doerstling*: Das Recht des Lebensversicherungsvertrages, a. a. O., Anm. 7 zu § 6.
[47] Vgl. hierzu *Lederle*, K.: Die Lebensversicherung unter besonderer Berücksichtigung ihrer rechtlichen Beziehung zum ehelichen Güterrecht, Erb- und Konkursrecht, a. a. O., S. 139 ff.

nehmer eine juristische Person oder ist er geschäftsunfähig, so hat der gesetzliche Vertreter den Antrag zu stellen.

Auch bei beschränkter Geschäftsfähigkeit ist der Antrag von dem gesetzlichen Vertreter zu stellen. Vormund oder Pfleger bedürfen nach § 1812 BGB zu der Antragstellung der Genehmigung des Gegenvormundes oder des Vormundschaftsgerichts. Wird die Kündigung von einem Minderjährigen oder einer ihm gleichgestellten Person (§ 6 BGB) verlangt, so ist sie unwirksam. Ausgenommen sind hier die Fälle, in denen der gesetzliche Vertreter den Versicherer davon in Kenntnis gesetzt hat, daß er in die Antragstellung einwilligt, oder wenn zugleich mit dem Antrag die schriftliche Einwilligung des gesetzlichen Vertreters vorgelegt wird, ferner wenn der Antrag ohne schriftliche Einwilligung gestellt wird und der Versicherer den Antrag aus diesem Grunde nicht unverzüglich zurückweist (§ 111 BGB).

Ist der Versicherungsnehmer verheiratet, so ist bei der Frage nach dem Kündigungsberechtigten der eheliche Güterstand zu beachten.

a) Beim gesetzlichen Güterstand der Zugewinngemeinschaft bleibt jeder Ehegatte Alleineigentümer seines Vermögens, auch desjenigen, das ein Ehegatte nach der Eheschließung erwirbt. Jeder Ehegatte verwaltet sein Vermögen selbständig (§ 1364 BGB). Die Einwilligung des anderen Ehegatten ist nur erforderlich bei einer Verfügung über das Vermögen im ganzen (§ 1365 Abs. 1 BGB). Dabei ist unter „Verfügung über Vermögen im ganzen" nicht nur die Übertragung des gesamten gegenwärtigen Vermögens als solchem zu verstehen, sondern auch die Verfügung über einzelne Vermögensteile, wenn diese praktisch das ganze Vermögen ausmachen, wobei umstritten ist, ob dies auch der Geschäftsgegner wissen muß[48].

Ist ein Rückkaufsanspruch das wesentliche Vermögen eines Ehegatten, so werden dies die Versicherungsgesellschaften nicht immer leicht erkennen können. Sie werden sich zweckmäßigerweise Nachweise über das sonstige Vermögen des Versicherungsnehmers vorlegen lassen, z. B. Grundbuchblattauszüge oder Policen über andere Versicherungen. Der Versicherer muß als berechtigt angesehen werden solche Nachweise zu verlangen, da die Kündigung nur eines Ehegatten gemäß § 1367 BGB unwirksam ist. Der andere Ehegatte ist berechtigt, die sich aus der Unwirksamkeit der Verfügung ergebenden Rechte gegen den Versicherer gerichtlich geltend zu machen. Er kann die Vermögensteile, über die verfügt wurde, von der Versicherungsgesellschaft herausverlangen, wobei strittig ist, ob er Herausgabe an sich oder nur an den verfügenden Ehe-

---

[48] Vgl. *Palandt-Lauterbach:* Kurz-Kommentar zum BGB, a. a. O., Anm. 2 zu § 1365 BGB.

gatten verlangen kann[49]. Im Falle des Rückkaufes von Versicherungen verfügt der versicherte Ehegatte über seine Rechte aus der bestehenden Versicherung, indem er diese in einen Geldzahlungsanspruch umwandelt. Die Wiederherstellung des früheren Zustandes liegt in diesem Falle darin, daß das ursprüngliche Versicherungsverhältnis als fortbestehend angesehen wird.

Eine Einwilligung des anderen Ehegatten im Hinblick auf § 1369 BGB wird man nicht verlangen können, denn eine Versicherung kann nicht als „Gegenstand des ehelichen Haushalts" im Sinne des § 1369 BGB angesehen werden. Es kann in diesem Fall nichts anderes gelten, als für das Recht auf die eheliche Wohnung, das von der herrschenden Meinung nicht als Gegenstand des ehelichen Haushalts angesehen wird[50].

Stellt eine Versicherung das wesentliche Vermögen eines Ehegatten im Sinne des § 1365 BGB dar und verweigert der andere Ehegatte seine Einwilligung zur Geltendmachung des Rückkaufsrechts, so kann auf Antrag des versicherten Ehegatten die Zustimmung des anderen Ehegatten durch das Vormundschaftsgericht ersetzt werden, sofern die Voraussetzungen des § 1365 Abs. 2 BGB vorliegen.

b) Besteht zwischen den Ehegatten Gütergemeinschaft i. S. der §§ 1437 ff. BGB, so fallen die Ansprüche aus dem Versicherungsverhältnis in das Gesamtgut, soweit sie übertragbar sind. Wie oben dargelegt, ist das Rückkaufsrecht übertragbar. Welcher der beiden Ehegatten es geltend machen kann, hängt von der ehevertraglichen Regelung ab. Nach dem Ehevertrag können entweder beide Ehegatten zusammen oder einer von ihnen zur Verwaltung des Gesamtgutes berechtigt sein (§ 1421 BGB). Ist nach dem Ehevertrag ein Ehegatte zur Verwaltung berechtigt, so kann er auch über das Gesamtgut verfügen (§ 1422 BGB); allerdings gilt das für den gesetzlichen Güterstand Gesagte entsprechend, wenn sich die Verfügung als eine solche über das gesamte Vermögen darstellt. Sind nach dem Ehevertrag beide Ehegatten zur Verwaltung des Gesamtgutes berechtigt, so können sie auch nur gemeinsam die Kündigung erklären.

c) Bei dem Güterstand der Gütertrennung stehen sich die Ehegatten in vermögensrechtlicher Hinsicht wie Unverheiratete gegenüber. Jeder Ehegatte verwaltet auch sein Vermögen allein, somit ist jeder Ehegatte auch allein zur Kündigung und zum Rückkauf berechtigt. Befindet sich der Versicherungsnehmer im Vergleichsverfahren, so ist er trotzdem weiterhin allein befugt, die Versicherung zu kündigen. Eine etwa bestellte Vertrauensperson braucht nicht mitzuwirken und ist zur alleinigen Antragstellung auch nicht berechtigt.

---

49 *Palandt-Lauterbach:* Kurz-Kommentar zum BGB, a. a. O., Anm. 3 zu § 1368 BGB.
50 *Palandt-Lauterbach:* Kurz-Kommentar zum BGB, a. a. O., Anm. 2 zu § 1369 BGB.

Ist über das Vermögen des Versicherungsnehmers bereits das Kon-
kursverfahren eröffnet, so ist zur Kündigung einer Versicherungsforderung, die sich in der Konkursmasse befindet, der Konkursverwalter
allein befugt (§ 6 KO), es sei denn, daß eine unwiderrufliche Bezugsberechtigung ausgesprochen ist. In diesem Fall kann der Konkursverwalter
nicht über die Versicherung verfügen.

d) Empfänger der Kündigungserklärung

Die Kündigung ist nach § 12 Abs. 3 ALVB n. F. unmittelbar an den
Vorstand der Gesellschaft zu richten. Nach Bruck-Doerstling[51] reicht es
jedoch aus, wenn die Kündigung einer Geschäftsstelle der Gesellschaft
zugegangen ist. Eine Kündigungserklärung die von einem Agenten an
den Vorstand der Versicherungsgesellschaft weitergeleitet wird, ist erst
von dem Zeitpunkt an rechtswirksam, in dem sie dem Versicherer zugeht. Die Gefahr der Übermittlung durch einen Agenten trägt der
Kündigende (§ 12 Abs. 3 ALVB n. F.).

e) Form

Die Kündigung ist gesetzlich formfrei. Vertraglich ist Schriftform
vorgesehen (§ 4 Abs. 1 ALVB n. F.). Die Vereinbarung der schriftlichen
Form ist zulässig, da sie im Gesetz ausdrücklich vorgesehen ist und daher nicht als Erschwerung für den Versicherungsnehmer angesehen werden kann (§ 178 Abs. 1 VVG). Geht daher die Kündigung dem Versicherer nicht in schriftlicher Form zu, so kann sie als nicht formgerecht zurückgewiesen werden (§ 12 Abs. 3 ALVB n. F.).

Die Einreichung des Versicherungsscheines und der letzten Prämien-
quittung sind angesichts der zwingenden Vorschriften der §§ 165 und 178
Abs. 1 VVG nicht als Voraussetzung für die Wirksamkeit der Kündigung
aufzufassen. Obwohl der Versicherungsschein Beweisurkunde und der
Versicherer zur Prüfung der Legitimation des Antragstellers befugt ist,
kann die Kündigung nicht von der Vorlage abhängig gemacht werden,
weil die Identität des Antragstellers mit dem Verfügungsberechtigten
auch in anderer Weise festgestellt werden kann.

f) Inhalt

Aus der Kündigungserklärung muß klar und unzweideutig zu erkennen sein, daß der Versicherungsnehmer das Vertragsverhältnis zu einem
bestimmten Zeitpunkt ganz oder teilweise aufheben will. Das Wort

---

[51] *Bruck-Doerstling:* Das Recht des Lebensversicherungsvertrages, a. a. O.,
Anm. 9 zu § 6.

„Kündigung" muß in der Erklärung nicht expressis verbis enthalten sein, wenn der Wille des Versicherungsnehmers auch so klar zum Ausdruck kommt. Die bloße Einstellung der Prämienzahlung ist nicht als Kündigung aufzufassen[52], denn das Ergebnis der Nichtzahlung einer Folgeprämie ist niemals die Fälligkeit der Rückvergütung, die durch die Kündigung ausgelöst werden kann, sondern die Umwandlung der Versicherung in eine prämienfreie (§ 175 Abs. 1 i. V. m. § 39 VVG). Da der Rückkauf gegenüber der Umwandlung der Versicherung die einschneidendere Maßnahme darstellt, ist er in Zweifelsfällen nicht anzunehmen.

Ohne Einfluß auf die Rechtswirksamkeit der Kündigung ist der Umstand, daß sich der Berechtigte über die Folgen seiner Kündigung im Irrtum befand. Wenn er z. B. annahm, durch die Kündigung Anspruch auf Rückgewähr aller einbezahlten Prämien zu erhalten, so liegt lediglich ein Irrtum im Beweggrund vor, der nicht rechtswirksam angefochten werden kann.

Eine mangelhafte Kündigungserklärung ist grundsätzlich unwirksam, ohne daß es einer ausdrücklichen Ablehnung durch den Erklärungsempfänger bedarf. In der Praxis ist dieser Grundsatz jedoch schwer zu verwirklichen, da der Erklärende auf die Gültigkeit seiner Kündigung vertraut. Es wird daher nach den Grundsätzen von Treu und Glauben dem Versicherer eine Zurückweisungspflicht auferlegt. Macht er davon nicht Gebrauch, so wird gefolgert, daß er mit dieser vom Gesetz oder vom Vertrag abweichenden Kündigungserklärung einverstanden sei. Dies gilt jedoch nur in Fällen, in denen der Versicherungsnehmer von der Mangelhaftigkeit seiner Erklärung keine Kenntnis hat. Auf ganz offensichtlich ungerechtfertigte Zumutungen braucht der Erklärungsempfänger nicht zu reagieren[53]. Lesser[54] meint daher, die Frage, ob im Einzelfall eine Antwortpflicht bestehe, sei „rein gefühlsmäßig" zu beantworten, da das Schweigen in seiner rechtlichen Bedeutung eben nicht eindeutig sei.

g) Wirkungen

aa) In zeitlicher Hinsicht

Nach dem Inhalt der Kündigungserklärung kann die Kündigung auf den Schluß des laufenden Versicherungsjahres oder bei Kündigung innerhalb des Versicherungsjahres auf den Schluß des ihrem Zugehen bei der Versicherungsgesellschaft drittfolgenden Monats erfolgen[55]. Geht die Kündigung verspätet zu und kann daher nicht zu dem in ihr ange-

---

[52] Landgericht Hamburg VA 1951, S. 125.
[53] Vgl. *Gantenbein*, B.: Die außerordentliche Beendigung des Versicherungsvertrages, a. a. O., S. 25 f.
[54] JR 1929, S. 257.
[55] Vgl. hierzu die Ausführungen im 1. Kapitel, Abschnitt III 3 b.

gebenen Zeitpunkt wirksam werden, so wirkt sie auf den nächsten frühestmöglichen Zeitpunkt[56]. Diese zeitlichen Wirkungen treten auch bei prämienfreien Versicherungen und solchen mit einmaliger Prämie ein.

Der Versicherungsnehmer kann die Beendigung des Versicherungsverhältnisses zu einem anderen Zeitpunkt nicht verlangen, jedoch steht einer Vereinbarung, wonach die Kündigung zu irgendeinem anderen Termin wirksam werden soll, rechtlich nichts im Wege. Das Recht, jederzeit für den Schluß der laufenden Versicherungsperiode zu kündigen kann jedoch nicht ausgeschlossen werden. Auch eine Bestimmung, die die Kündigung frühestens zum Schluß des zweiten Versicherungsjahres gestattet, wäre rechtsunwirksam (vgl. § 165 VVG i. V. m. § 178 VVG)[57].

bb) In sachlicher Hinsicht

Gesetzlich kommt die Versicherung im Zeitpunkt der Wirksamkeit der Kündigung völlig zum Erlöschen. Danach ist ein Rücktritt des Versicherungsnehmers aus Gründen, die in der Person der Versicherungsgesellschaft liegen ausgeschlossen[58].

Mit dem Zeitpunkt des Wirksamwerdens der Kündigung erlischt bei Versicherungen mit laufender Prämienzahlung der Anspruch des Versicherers auf die Prämie; die Prämie für die laufende Periode und etwaige Zahlungsrückstände kann der Versicherungsnehmer durch die Kündigung nicht abschütteln[59]. Da nach § 6 Abs. 1 ALVB n. F. die Kündigung frühestens zum Schluß des ersten Versicherungsjahres erfolgen kann, muß der Versicherungsnehmer in jedem Fall die erste Jahresprämie bezahlen.

Die für die Zeit nach der Wirksamkeit der Kündigung entrichteten Prämien sind vom Versicherer zurückzuzahlen[60]. Dabei darf er entstandene Aufwendungen, wie insbesondere Provisionszahlungen, davon abziehen. Der Agent ist zur Erstattung der mit dem Prämieneinzug verdienten Provision nicht verpflichtet.

Hinsichtlich der Versicherungsleistung kommen, soweit die Prämien für mindestens drei Jahre bezahlt sind, die Bestimmungen des § 176 VVG über die Herausgabe der Prämienreserve zum Zug. Trifft dies nicht zu, so ist der Versicherer leistungsfrei.

---

[56] OLG Celle VerAfP 1930, S. 3, Nr. 2097.
[57] Vgl. *Bruck-Doerstling:* Das Recht des Lebensversicherungsvertrages, a. a. O., Anm. 12 zu § 6.
[58] RG LZ 1917, S. 1347.
[59] So *Gantenbein*, B.: Die außerordentliche Beendigung des Versicherungsvertrages, a. a. O., S. 280; *Bruck-Doerstling:* Das Recht des Lebensversicherungsvertrages, a. a. O., Anm. 13 zu § 6. Anderer Ansicht dagegen *Bosshart*, A.: Rückkauf und Umwandlung einer Lebensversicherung, a. a. O., S. 8.
[60] OLG Jena VerAfP 1928, Nr. 1873; OLG Düsseldorf VA 1956, S. 9.

IV. Das Kündigungsrecht des Versicherers

Während der Versicherungsnehmer unter Einhaltung der vorgeschriebenen Form das Vertragsverhältnis jederzeit durch Kündigung beenden kann, hat der Versicherer grundsätzlich kein Kündigungsrecht. Er kann nur bei Eintritt gewisser, im Gesetz ausdrücklich bestimmter Fälle das Vertragsverhältnis kündigen.

1. Nichtzahlung einer Folgeprämie

Wird eine Folgeprämie nicht rechtzeitig gezahlt, so kann der Versicherer dem Versicherungsnehmer auf dessen Kosten schriftlich eine Zahlungsfrist von mindestens zwei Wochen setzen. Dabei sind die Rechtsfolgen anzugeben, die mit dem Ablauf der Frist verbunden sind. Nach Ablauf der Frist kann der Versicherer, wenn der Versicherungsnehmer mit der Zahlung in Verzug ist, das Versicherungsverhältnis ohne Einhaltung einer Kündigungsfrist kündigen (§ 39 Abs. 3 S. 1 VVG).

Die Wirkungen der Kündigung fallen fort, wenn der Versicherungsnehmer innerhalb eines Monats nach der Kündigung oder, falls die Kündigung mit der Fristsetzung verbunden ist, innerhalb eines Monats nach Ablauf der Zahlungsfrist die Zahlung nachholt, sofern der Versicherungsfall nicht bereits eingetreten ist (§ 39 Abs. 3 S. 3). Auch nach Ablauf dieser Frist kann unter denselben Voraussetzungen und mit denselben Wirkungen die Zahlung der Rückstände so lange nachgeholt werden, als noch nicht 6 Monate seit dem Fälligkeitstermin der erstmals unbezahlten Prämie verstrichen sind (§ 4 Ziff. 4 S. 2 ALVB n. F.). Nimmt der Versicherer die Folgeprämie nicht an, so gerät er in Annahmeverzug.

Die Kündigung des Versicherers hat nach §§ 173, 175 Abs. 1 S. 1 VVG die Umwandlung der Versicherung in eine prämienfreie zur Folge, nicht etwa nach § 176 Abs. 1 VVG die Erstattung des Rückkaufswertes[1]. Dies bedeutet, daß anstelle der bisher versicherten Leistung eine ermäßigte tritt, wobei der vorhandene Rückkaufswert als Einmalprämie gemäß den geschäftsplanmäßigen Festlegungen des einzelnen Versicherungsunternehmens verwendet wird. Bei einer Versicherungsdauer von 15 Jahren ergibt sich z. B. nach 5 bzw. 10 Jahren für je DM 1000,— Versicherungssumme ein Rückkaufswert von DM 240,— bzw. DM 560,—, während die prämienfreie Versicherungssumme bei DM 340,— bzw. DM 680,— liegt. Mit dem Zugang der Kündigungserklärung (§ 39 Abs. 3 S. 1 VVG) oder dem Fristablauf (§ 39 Abs. 3 S. 2 VVG) treten die Kündi-

---

[1] So *Bruck-Möller*: Kommentar zum Versicherungsvertragsgesetz und zu den Allgemeinen Versicherungsbedingungen, 8. Aufl., 1. Bd., Berlin 1954, Anm. 49 zu § 39 VVG.

gungswirkungen ein, insbesondere endet die Gefahrtragung des Versicherers endgültig.

Tritt der Versicherungsfall nach Ablauf der Zahlungsfrist ein, so hat der Versicherer anstelle der vollen Versicherungsleistung nur die Leistung aus der umgewandelten Versicherung zu erbringen (§ 39 Abs. 2 i. V. m. § 175 Abs. 2 VVG).

Da ein Prämienrückkauf bei Nichtzahlung einer Folgeprämie ausgeschlossen ist und dieser Abschnitt daher bei dem Kündigungsrecht des Versicherers nur der Vollständigkeit halber erwähnt wurde, mögen diese grundlegenden Ausführungen genügen.

2. Schuldlose Verletzung der vorvertraglichen Anzeigepflicht

a) Tatbestände im allgemeinen

Ist die dem Versicherungsnehmer bei Schließung eines Versicherungsvertrages obliegende Anzeigepflicht objektiv verletzt worden, ohne daß den anderen Teil ein Verschulden trifft (§ 41 Abs. 1 S. 1 VVG), oder wurde ein für die Übernahme der Gefahr erheblicher Umstand dem Versicherer nicht angezeigt, weil er dem anderen Teil nicht bekannt war (§ 41 Abs. 1 S. 2 VVG), so kann der Versicherer weder von dem Vertrag zurücktreten, noch den Vertrag anfechten oder Schadenersatz verlangen. Er hat nach den zwingenden Vorschriften des § 41 i. V. m. § 42 VVG nur das Recht auf Prämienverbesserung oder Kündigung.

b) Die Begriffe „Unverschuldet und Nichtkenntnis"

Eine Verletzung der Anzeigepflicht ist unverschuldet, wenn die dem Anzeigepflichtigen obliegende Anzeigepflicht zwar verletzt ist, ihm hierbei aber kein Verschulden (Vorsatz, grobe oder leichte Fahrlässigkeit) zur Last fällt. Wann eine aus dem subjektiven Verhalten des Anzeigepflichtigen herzuleitende Entschuldigung vorliegt, ist Tatfrage und läßt sich nur bei Berücksichtigung aller in Betracht kommender Umstände, namentlich im wechselseitigen Zusammenhang aller Antworten beurteilen[2]. Eine besondere Rolle spielen vor allem die persönlichen Eigenschaften des Anzeigepflichtigen, also seine Mentalität[3], die Art der Fragestellung und das Verhalten von Agent und Vertrauensarzt bei der Auslegung und Beantwortung der Fragen. Unklar sind z. B. Fragen, ob die Lebensweise des Versicherten mäßig und nüchtern ist, ob er „vollständig gesund ist", oder was die „letzte Krankheit" war.

---

[2] OLG Stuttgart, Praxis des Versicherungsrechts, 3. Bd., Berlin 1910, S. 29.
[3] RG LZ 1910, S. 950; OLG Colmar LZ 1911, S. 875.

Ferner ist der Anzeigepflichtige entschuldigt, wenn der Umstand, der zur Verletzung der Anzeigepflicht führte, nach Lage der tatsächlichen Verhältnisse als unerheblich angesehen werden kann[4], oder wenn er berechtigt annehmen konnte, daß der Versicherer den nicht angezeigten Umstand kennt.

Eine besondere Art unverschuldeter Anzeigepflichtverletzung ist die Unkenntnis des Anzeigepflichtigen von dem gefahrerheblichen Umstand. Ob die Unkenntnis entschuldbar ist, ist eine Tatfrage. Wenn der Anzeigepflichtige z. B. die Todesursache seiner Eltern oder sonstiger Verwandter nicht kennt, so kann ihm dies, soweit es sich um kein eigenes Verschulden handelt, nicht angerechnet werden. Ebenso ist es, wenn ihm eigene Krankheiten ohne Verschulden unbekannt geblieben sind. Die Beweislast für mangelndes Verschulden trägt dabei immer der Versicherungsnehmer[5].

c) Voraussetzung für das Kündigungsrecht

Ist die Anzeigepflicht unverschuldet verletzt, so kann der Versicherer, falls mit Rücksicht auf die höhere Gefahr eine höhere Prämie angemessen ist, von dem Beginn der laufenden Versicherungsperiode an die höhere Prämie verlangen (§ 41 Abs. 1 S. 1 2. HS. VVG). Wird die höhere Gefahr nach den für den Geschäftsbetrieb des Versicherers maßgebenden Grundsätzen auch gegen eine höhere Prämie nicht übernommen, so kann der Versicherer das Versicherungsverhältnis unter Einhaltung einer Kündigungsfrist von einem Monat kündigen (§ 41 Abs. 2 VVG). Es ist somit unmaßgeblich, ob andere Versicherer die Gefahrtragung übernommen hätten, „sondern ob die in concreto in Betracht kommende Versicherungsgesellschaft nach ihrem Geschäftsplan die Gefahrtragung übernimmt"[6]. Wird sie von ihr getragen, dann ist eine Kündigung ausgeschlossen. Sie kann dann nur eine Prämienverbesserung fordern.

Die Beweise für die Berechtigung zur Kündigung hat stets der Versicherer zu erbringen.

d) Wirkungen

Die Kündigung bewirkt eine Aufhebung des Vertragsverhältnisses für die Zukunft, allerdings nicht sofort mit dem Zugehen der Kündigungserklärung bei dem Kündigungsempfänger, sondern erst nach Ab-

---

[4] Vgl. hierzu Bruck-Doerstling: Das Recht des Lebensversicherungsvertrages, a. a. O., Anm. 51 zu § 8.

[5] Bruck, E.: Das Privatversicherungsrecht, a. a. O., S. 204.

[6] Bruck-Doerstling: Das Recht des Lebensversicherungsvertrages, a. a. O., Anm. 59 zu § 8.

lauf einer einmonatigen mit diesem Zeitpunkt beginnenden Frist (§ 41 Abs. 2 VVG). Für die Vergangenheit bleibt der Versicherer also leistungspflichtig, selbst wenn der bereits eingetretene Versicherungsfall auf einen Umstand zurückzuführen ist, der nicht oder nicht richtig angezeigt wurde. Dies gilt ebenso für Versicherungsfälle, die noch während der Monatsfrist eintreten. Auch hier kann der Versicherer aus dem Grunde der Nichterfüllung der Anzeigepflicht die Bewirkung der vertraglich übernommenen Leistung nicht verweigern.

Nach dem Ablauf der einmonatigen Frist ist der Versicherer zu keiner Leistung mehr verpflichtet. Die für die vergangene Versicherungsperiode gezahlten Prämien verbleiben ihm und nach dem Grundsatz der Unteilbarkeit der Prämie auch die ganze Prämie für die zur Zeit des Wirksamwerdens der Kündigung laufende Versicherungsperiode (§ 40 Abs. 1 S. 1 VVG). Bei rückkaufsfähigen Lebensversicherungen mit unbedingter Leistungspflicht muß der Versicherer jedoch nach der zwingenden Vorschrift des § 176 Abs. 1 i. V. m. § 178 VVG den Rückkaufswert erstatten.

V. Die gesetzliche Rückkaufspflicht

1. Gesetzliche Regelung

Das Versicherungsvertragsgesetz vom 30. 5. 1908 brachte erstmalig eine Regelung des Prämienrückkaufes in der Lebensversicherung. Die in § 176 VVG geregelte Herausgabe der Prämienreserve entspricht dem normalen Billigkeitsgefühl, wonach ein Versicherungsnehmer, der aus wichtigem Grunde sich zur Aufgabe einer Versicherung veranlaßt sieht, nicht seiner sämtlichen bisherigen Einzahlungen verlustig gehen soll, zumal ihn der Verlust umso stärker treffen würde, je länger er am Vertrag festgehalten hatte, also je vertragstreuer er war[1].

Vor der gesetzlichen Regelung schwächten die Versicherungsgesellschaften ein unbilliges Ergebnis dadurch ab, daß bei den rückkaufsfähigen Versicherungen für den Fall des vorzeitigen Ausscheidens eine Abfindung vertraglich vereinbart wurde. Jedoch waren die Bestimmungen hierüber sehr mannigfaltig und unklar. So besagten z. B. die Statuten (§ 15) des „Janus" in Hamburg, daß sich die Höhe des Rückkaufspreises im voraus nicht genau bestimmen lasse. Wenn die Direktion jedoch auf den Antrag des Versicherungsnehmers eingehe, so werde die Bestimmung des Preises nach den bis dahin eingezahlten Prämien unter Zugrundelegung liberaler Grundsätze zugesagt.

---

[1] *Wall*, A.: Die Ansprüche der Versicherten auf die Prämienreserve in der Lebensversicherung, Diss. Gießen 1906, S. 29 f.

Sehr häufig findet man auch die Bemerkung, daß die von der Gesellschaft festgesetzte Höhe der Prämienreserve ausschließlich Geltung haben solle, ohne daß der Versicherungsnehmer den Nachweis der Richtig-
keit dieser Rechnung verlangen dürfe. Die „Lebensversicherungsanstalt
für Armee und Marine" lehnte einen Rechtsanspruch des Versicherungsnehmers auf die Prämienreserve überhaupt ab[2].

So fand besonders auf Seiten der Versicherungsnehmer die gesetzliche Regelung eine sehr beifällige Aufnahme. Aber auch für die Versicherer ergaben sich klare Richtlinien, die besonders einer ruinösen
Konkurrenz entgegenwirkten[3].

2. Kritische Würdigung der gesetzlichen Regelung

Obwohl die Vorschriften des § 176 VVG auf die Interessen der Versicherungsnehmer und der Versicherer in gleicher Weise eingingen, fan-
den sich zu der gesetzlichen Regelung kritische Stimmen, deren Argumente wir nun kurz beleuchten wollen.

a) Ist die Rückkaufsklausel ein wesensfremdes Merkmal des Versicherungsvertrages?

Knöpfmacher[4] bezeichnet die Rückkaufsklausel als einen Fremdkörper
im Lebensversicherungsvertrag, „die in ihrem Endzweck auf nichts
weniger hinausläuft, als auf die vollständige Aufhebung dessen, was
der Lebensversicherungsvertrag von Haus aus zu bewirken bestimmt
ist". Diese Ansicht, die unter anderem auch von Bosshart[5], Nolte[6] und
Kettler[7] vertreten wird, verkennt, daß das Motiv, welches zum Vertragsschluß führt, wie z. B. das Erreichen eines bestimmten Sparergebnisses
oder die Sicherstellung der Zukunft der Familie, für die rechtliche Beurteilung der Natur des Lebensversicherungsvertrages bedeutungslos
ist. Der Lebensversicherungsvertrag ist ein Vertrag sui generis, und
die Geltendmachung des Prämienrückkaufes durch den Versicherungs-

---

[2] Angeführt bei *Hecker*, H.: Die rechtliche Natur der Prämienreserve bei
der Lebensversicherung, Diss. München 1890, S. 45.

[3] Auch in der englischen und amerikanischen Gesetzgebung finden sich entsprechende Vorschriften, die den Prämienrückkauf unter ähnlichen Voraussetzungen zulassen. So *Brown*, D.: Insurance Law, 1. Bd., London 1961, S. 759.

[4] *Knöpfmacher*: Der Policenrückkauf in der Lebensversicherung. In: Ehrenzweigs Assekuranz-Jahrbuch, 13. Bd., Wien 1892, S. 3.

[5] *Bosshart*, A.: Rückkauf und Umwandlung einer Lebensversicherung,
a. a. O., S. 114 f.

[6] *Nolte*, J.: Ergibt sich aus der Natur des Lebensversicherungsvertrages
nach heutigem Recht ein Anspruch des Versicherten auf die Prämienreserve?
Diss. Erlangen 1900, S. 61.

[7] *Kettler*, G.: Der Rückkaufswert in der Lebensversicherung. In: ZfV,
2. Jahrgang, Hamburg 1951, S. 163 f.

nehmer erscheint im Wesen des Lebensversicherungsvertrages selbst begründet, wenn wir von folgender Überlegung ausgehen: Die meisten obligatorischen Rechtsgeschäfte dienen gegenwärtigen Interessen und kommen sofort oder innerhalb kurzer Zeit zur Erfüllung. Die Lebensversicherungsverträge dagegen wollen Eventualitäten der Zukunft vorbeugen; sie bestimmen im voraus über Verhältnisse, deren Schicksal sich erst in späteren Jahren entscheidet und deren Beurteilung daher nur dem persönlichen, freien Ermessen des Versicherungsnehmers überlassen werden darf[8].

Gegen die Behauptung, der Prämienrückkauf sei ein wesensfremdes Merkmal des Versicherungsvertrages und werde hauptsächlich von den Wechsellagen der Wirtschaft bestimmt, spricht z. B. die Tatsache, daß in der Bundesrepublik Deutschland die Anzahl der durch Rückkauf vorzeitig beendeten Lebensversicherungsverträge, trotz der in den letzten Jahren vorherrschenden Hochkonjunktur, nicht zurückgegangen ist, sondern wie das nachfolgende Zahlenmaterial zeigt, stets etwa die gleiche Höhe aufweist.

So sind in den Jahren 1951 bis 1961 durch Rückkauf an Großleben-, Kleinleben-, Gruppen- und Risikoversicherungen insgesamt vorzeitig abgegangen[9]:

Geschäfts-jahr	Anzahl der Versicherungsverträge (bei Gruppenvers.: Anzahl der vers. Personen)	versicherte Summen (nur Hauptleistungen)
	1 000	Mill. DM
1951	644,8	316,0
1952	592,4	301,7
1953	570,7	354,4
1954	556,7	375,1
1955	573,5	433,7
1956	522,2	468,9
1957	554,6	550,0
1958	571,6	628,6
1959	861,9	811,2
1960	962,2	975,0
1961	940,3	1 004,6

Diesem vorzeitigen Abgang durch Rückkauf standen folgende Bestände an Kapital-Lebensversicherungen gegenüber[10]:

[8] Vgl. *Koenig*, H.: Die vermögenswerten Rechte aus dem Lebensversicherungsvertrag, a. a. O., S. 421 f.

[9] Geschäftsbericht 1961 des Bundesaufsichtsamtes für das Versicherungs- und Bausparwesen, Berlin 1962, S. 109, Tabelle 21 a.

[10] Geschäftsbericht 1961 des Bundesaufsichtsamtes für das Versicherungs- und Bausparwesen, Berlin 1962, S. 110, Tabelle 22.

Bestand am Ende des Geschäftsjahres	Anzahl der Versicherungsverträge (bei Gruppenvers.: Anzahl der vers. Personen)	Versicherte Summen
	1 000	Mill. DM
1951	26 563,8	17 369,7
1952	29 184,9	20 418,4
1953	30 657,5	23 635,7
1954	31 825,6	27 351,8
1955	33 665,5	31 660,6
1956	35 715,7	36 337,4
1957	37 336,7	42 881,0
1958	38 517,8	48 599,0
1959	41 198,7	55 706,8
1960	43 100,9	63 737,4
1961	44 387,9	73 388,4

Hieraus errechnet sich folgender prozentualer Abgang durch Rückkauf:

Geschäftsjahr	Nach der Anzahl der Versicherungsverträge (bei Gruppenvers.: Anzahl der vers. Personen)	Nach den versicherten Summen
	%	%
1951	2,3698	1,7868
1952	1,9894	1,4561
1953	1,8275	1,4773
1954	1,7192	1,3528
1955	1,6750	1,3513
1956	1,4410	1,2740
1957	1,4637	1,4474
1958	1,4623	1,2769
1959	2,0492	1,4353
1960	2,1828	1,5067
1961	2,1184	1,3504
Mittelwert	1,8453	1,4286

b) Ethische Argumente gegen das Rückkaufsrecht

Bosshart[11] führt gegen die Gewährung des Prämienrückkaufes insbesondere ethische Argumente an und geht dabei von der großen volkswirtschaftlichen Bedeutung der Lebensversicherung für die Familienfürsorge aus. Durch den Abschluß einer Lebensversicherung sichert der

---

[11] *Bosshart*, A.: Rückkauf und Umwandlung einer Lebensversicherung, a. a. O., S. 115 f.

Vorzeitiger Abgang durch Rückkauf

von 1951 bis 1961

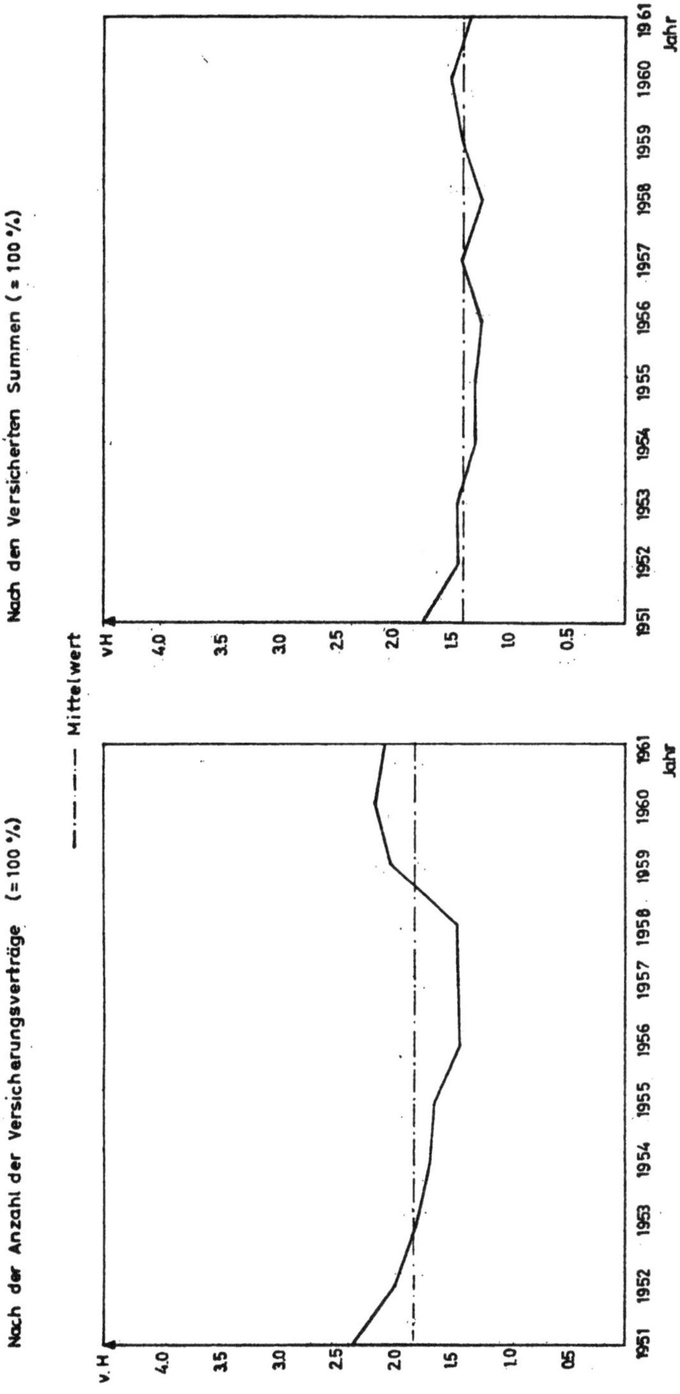

Ehegatte und Familienvater die wirtschaftliche Existenz seiner für-
sorgebedürftigen Angehörigen für die Zeit nach seinem Hinscheiden.
Durch den Rückkauf wird nun der Sparzweck der Lebensversicherung
auf halbem Wege vereitelt und das für die Familie angesammelte Kapital dieser wieder mit Verlust entzogen.

Unseres Erachtens ist diese Ansicht Bossharts zu pessimistisch. Wenn
er sehr zu Recht betont, daß der Rückkauf wirtschaftlich immer mit
einem Verlust verbunden ist, so gehen wir sicherlich in der Annahme
nicht fehl, daß ein Rückkauf nur erfolgt, wenn die Versicherung nutzlos
oder wirtschaftlich unhaltbar geworden ist. Dabei soll nicht bestritten
werden, daß zuweilen eine Versicherung leichtfertig aufgegeben wird.
Diese Ausnahme rechtfertigt aber keinesfalls den Rückkauf zu unter-
sagen oder in das Belieben des Versicherers zu stellen. Schließlich handelt es sich ja um die gleiche Person, die zunächst ihre Familie durch
den Abschluß eines Lebensversicherungsvertrages versorgt wissen will
und die später den Rückkauf begehrt. Wer aber zuerst fürsorglich für
seine Familie eintritt, wird nur in den seltensten Fällen diese Versor-
gung leichtfertig aufgeben. Zwingt ihn aber eine Notlage dazu, so liegt
das Rückkaufsbegehren doch wohl in erster Linie bei den Versorgungs-
berechtigten selbst. Sie wollen im Augenblick satt werden und verzichten dann gerne auf einen Versicherungsanspruch in späteren Jahren,
wo sie hoffen, daß es ihnen wirtschaftlich wieder besser geht.

c) Häufung des Rückkaufsbegehrens in Krisenzeiten

aa) Spekulation auf das Agio[12]

Als das bedeutsamste Argument gegen das Obligatorium des Rück-
kaufes wurde bei der schweizerischen technischen Subkommission die
Gefahr bei Handelskrisen herausgestellt. So führte Kummer[13] aus:
„Wenn das Geld infolge einer Krise selten und teuer wird, kann der
Versicherte den Rückkauf benützen, um auf das Agio zu spekulieren.
Es könnten sich ganze Konsortien bilden, welche durch massenhafte
Auflösung von Versicherungen Geld ansammeln, und das Publikum
würde des momentanen Gewinnes willen nicht davor zurückschrecken."
Dieser Auffassung wurde mit Recht entgegnet, daß sie die Mentalität
des Versicherungsnehmers verkenne. Der Versicherungsnehmer wird
gerade in Krisenzeiten nicht leichtfertig auf die Fortführung seiner
Versicherung verzichten, um etwa an der Börse spekulieren zu können.
Außerdem würden die erzielbaren Kursgewinne wohl kaum die durch
den Rückkauf eingetretenen Verluste decken.

---

[12] Wobei unter Agio die Differenz zwischen dem realen Geldwert im Zeitpunkt der Zahlung und der Ausübung des Rückkaufes zu verstehen ist.

[13] Protokoll, Technische Subkommission, S. 53. In: ZVersWiss., 6. Bd., Berlin 1906, S. 475.

bb) Eigenart des Versicherungsbetriebes

Die eigentliche Krisengefahr geht aber weniger von der Spekulations-
sucht auf das Agio aus, sondern liegt im Wesen des Versicherungsbetriebes begründet. Halten die Krisen nämlich längere Zeit an, so wird der
Versicherungsnehmer oft aus einer Notlage heraus gezwungen sein, die
Versicherung zurückzukaufen. Bei Häufung solcher Rückkaufsbegehren
müßte der Versicherer stets über größere Barreserven verfügen, die an-
sonsten für ihn ein totes Kapital darstellen.

Nun unterliegen die Versicherungsgelder im Gegensatz zu Spareinla-
gen, wo es sich — zumindest wenn die gesetzliche Kündigungsfrist vereinbart ist — um sehr mobile Summen handelt, die von dem Berechtigten jederzeit zurückverlangt werden können, dem Sparzwang und werden erst bei Eintritt des Versicherungsfalls verfügbar. Die laufenden
Prämieneinnahmen sollen, soweit sie nicht zur sofortigen Deckung von
Schäden benötigt werden, in festen Werten angelegt und vermehrt um
Zins und Zinseszins dem Versicherer bei Fälligkeit der Versicherungssumme zur Verfügung stehen.

Die Verpflichtung zur Zahlung der Versicherungssumme entsteht mit
dem Eintritt des Versicherungsfalls. Dieser ist zwar bei der einzelnen
Versicherung unbestimmt, für die Gesamtheit aller Versicherungen können aber nach dem Gesetz der großen Zahl, die im Laufe eines Jahres
zur Auszahlung kommenden Versicherungssummen annähernd ermittelt
werden. Hiernach plant der Versicherer dann die Bereitstellung der zur
Auszahlung kommenden Gelder.

Würde sich nun etwa in Krisenzeiten die Zahl der Rückkaufsbegehren
häufen, so würden die liquiden Mittel der Versicherer bald aufgebraucht
sein und es müßten die Reserven zur Befriedung der Versicherungsnehmer herangezogen werden. Diese sind aber überwiegend in Immobilien
und anderen Werttiteln angelegt, deren Preis den Schwankungen des
Geldmarktes stark unterworfen ist. Eine Veräußerung dieser Vermögensteile wäre daher nur mit erheblichen Verlusten realisierbar, wo-
durch die Versicherer empfindlich geschädigt und im Extremfall zum
völligen Ruin getrieben würden[14].

Diese tatsächlich vorhandene Krisengefahr wurde jedoch auch vom
Gesetzgeber klar erkannt und dieser hat seinerseits entsprechende Vor-
kehrungen getroffen. Zu den Maßnahmen zur Verhütung der Krisengefahr zählt in erster Linie die Bestimmung, daß der Rückkauf nur auf
das Ende einer Versicherungsperiode gewährt wird. Hierdurch wird vermieden, daß eine zu große Zahl von Versicherungen gleichzeitig zum
Rückkauf kommen, und der Versicherer erhält außerdem die Möglich-

---

[14] So *Bosshart*, A.: Rückkauf und Umwandlung einer Lebensversicherung,
a. a. O., S. 121 ff.

keit, die zurückzugewährenden Beträge in seinem Haushalt einzuplanen und eventuell erforderlich werdende Realisationen durchzuführen[15].

Bei länger andauernden Krisen, die sich leicht über die nationalen Grenzen hinaus zu Weltwirtschaftskrisen ausweiten[16], versagt meist auch die oben dargestellte Schutzvorschrift des § 165 Abs. 1 VVG. Deshalb ist in § 89 Abs. 1 VAG die Befugnis des Versicherungsaufsichtsamtes festgelegt, in die Verwaltung der Gesellschaft und die vertragsmäßigen Rechte der Versicherten unmittelbar einzugreifen, wenn sich bei Prüfung der Geschäftsführung und der Vermögenslage eines einzelnen Versicherungsunternehmens ergibt, daß es zur Erfüllung seiner Verpflichtungen für die Dauer nicht mehr imstande ist. Das Versicherungsaufsichtsamt kann in diesem Fall alle Arten von Zahlungen, insbesondere auch den Rückkauf verbieten, damit nicht eine Befriedung einzelner zu Lasten der Gesamtheit der Versicherungsnehmer oder eine Vergrößerung der Überschuldung herbeigeführt wird[17].

Wenn Bosshart[18] meint, daß gerade die Notwendigkeit des staatlichen Eingriffs in Krisenzeiten die falsche Gesetzgebung hinsichtlich des Rückkaufes beweist, so möchten wir ihm entgegenhalten, daß sich beim Fehlen klarer gesetzlicher Bestimmungen die Krisen in viel stärkerem Maße auswirken würden. Die Konkurrenz hätte im Gegenteil die Versicherer zu viel weitergehenden Zugeständnissen getrieben. Dabei könnte das Versicherungsaufsichtsamt den Prämienrückkauf dann nicht einmal unterbinden, da er ja zwischen den Parteien vertraglich frei vereinbart wurde. Bei den ersten Anzeichen einer Krise würde daher eine Angstpsychose einsetzen, die in kurzer Zeit zum Zusammenbruch der Versicherungswirtschaft mit schwerwiegenden Folgen für die gesamte Volkswirtschaft führen würde.

d) Die gesetzliche Rückkaufspflicht als Folge der allgemein geübten Geschäftspraxis und des freien Kündigungsrechtes

Im Zeitpunkt der gesetzlichen Normierung des Prämienrückkaufes war dieser in der Geschäftspraxis schon allgemein üblich. Jedoch bestand in der Art, wie sich der einzelne Versicherer zum Rückkauf verpflichtete, sehr große Verschiedenheit. Sie reichte vom vertraglich genau vereinbarten Modus und Maß, bis zur willkürlichen, allein vom Ermes-

---

15 Vgl. hierzu *Koenig*, H.: Die vermögenswerten Rechte aus dem Lebensversicherungsvertrag, a. a. O., S. 475 ff.

16 *Weddigen*, W.: Theoretische Volkswirtschaftslehre als System der Wirtschaftstheorie, 2. ergänzte Aufl., Berlin 1958, S. 348.

17 Vgl. hierzu *Petersen*: Sanierung. In: Manes, Versicherungslexikon, 3. Aufl., Berlin 1930, Sp. 1348 ff.; *Bosshart*, A.: Rückkauf und Umwandlung einer Lebensversicherung, a. a. O., S. 128 f.

18 *Bosshart*, A.: Rückkauf und Umwandlung einer Lebensversicherung, a. a. O., S. 129.

sen des Versicherers abhängigen und ohne Anerkennung einer Rechtspflicht gewährten Abfindung.

Die obligatorische Einführung dieses Rechts sanktionierte deshalb nur die Praxis vieler Gesellschaften, die bereits freiwillig vertraglich zum gleichen Resultat gelangt waren. Dabei kann keinesfalls, wie Bosshart[19] glaubt, von einer Vergewaltigung der Versicherungsunternehmen gesprochen werden, denn die gesetzliche Normierung des Prämienrückkaufes dient, wie oben eingehend dargelegt, den Interessen der Versicherer im gleichen Maße als denen der Versicherungsnehmer. Die Schaffung klarer Rechtsverhältnisse ist aber gerade bei einem volkswirtschaftlich so bedeutenden Produktionszweig unerläßlich und war letztlich die notwendige logische Folge des freien Kündigungsrechts des Versicherungsnehmers.

---

[19] *Bosshart*, A.: Rückkauf und Umwandlung einer Lebensversicherung, a. a. O., S. 119 f.

Zweites Kapitel

Die Rückvergütung

I. Der Begriff Rückvergütung

Unsere bisherigen Ausführungen haben gezeigt, daß ein Versicherungsnehmer nicht gezwungen werden kann, seinen Versicherungsvertrag durchzuhalten, sondern selbst bei Verpflichtung zu mehrjähriger Prämienzahlung berechtigt ist, die Versicherung jederzeit zu kündigen (§ 165 VVG).

Handelt es sich dabei um eine Kapitalversicherung auf den Todesfall mit unbedingter Leistungspflicht des Versicherers, so kann der Versicherungsnehmer nach den zwingenden Vorschriften des § 176 VVG i. V. m. § 178 VVG unter gewissen Voraussetzungen den Rückkauf geltend machen. Der Versicherer hat dann „den Betrag der auf die Versicherung entfallenden Prämienreserve zu erstatten", wobei er „zu einem angemessenen Abzug" berechtigt ist. Die um diesen Abzug verminderte Prämienreserve (= Deckungskapital) ergibt dann die Rückvergütung. Der Begriff „Rückvergütung" beinhaltet somit nicht den Vorgang des Prämienrückkaufes, sondern den Gegenstand, also den Geldbetrag, der an den Versicherungsnehmer herauszugeben ist.

Das Recht auf die Rückvergütung ist das durch die Kündigung des Versicherungsvertrages und die Ausübung des Rückkaufes quantitativ verminderte Recht auf die Versicherungssumme[1]. Die Höhe des Abzuges bestimmt sich nach dem vom Versicherungsaufsichtsamt genehmigten Geschäftsplan. Im übrigen folgt das Recht auf die Rückvergütung in jeder Hinsicht dem Recht auf die Versicherungssumme. Daher ist auch die Währung, in der die Versicherungssumme vertraglich zu leisten ist, für die Rückvergütung maßgebend. Für den Empfangsberechtigten ist es somit unerheblich, in welcher Währung oder anderen ihr gleichgestellten Werten der Versicherer das Deckungskapital angelegt hat; die Rückvergütung darf jedoch hierdurch nicht beeinflußt werden.

---

[1] OLG Frankfurt VerAfP 1926, S. 125 Nr. 1479; *Gottschalk*, A.: HansRGZ 1929, S. 668.

II. Die Prämienberechnung als Begründung für den Rückvergütungsanspruch des Versicherungsnehmers

1. Die natürliche Prämie und ihre Nachteile

a) Die Gefahrengemeinschaft in der Lebensversicherung

Bei Klärung der Frage, warum ein Rückvergütungsanspruch nur für bestimmte Formen von Lebensversicherungen entsteht, müssen wir auf die Art der Prämienberechnung zurückgreifen. Jede Versicherung beruht nach den üblichen Definitionen auf einer Gefahrengemeinschaft, also einer Zusammenfassung von Wirtschaftssubjekten zu dem Zwecke, einen Vermögensbedarf, den ein alle gleichartig bedrohendes Ereignis verursachen kann, aus anteilig aufgebrachten Mitteln zu decken[1]. In der Lebensversicherung bildet nun jede Gruppe gleichaltriger männlicher oder weiblicher Personen eine solche Gefahrengemeinschaft, da sie alle in derselben Weise vom Tode bedroht sind. Bei der Prämienermittlung muß der Versicherer daher lediglich feststellen, wieviele Todesfälle bei jeder Altersstufe nach den statistischen Erfahrungen im kommenden Versicherungsjahr zu erwarten sind. Dividiert er die hiernach zur Auszahlung kommenden Versicherungssummen durch die von der gleichen Altersstufe insgesamt versicherten Summen, so ergibt sich als Quotient die für die Einheit der Versicherungssumme zu zahlende Prämie. Diese Prämie entspricht der Sterbenswahrscheinlichkeit jeder einzelnen Altersgruppe und wird deshalb als „natürliche Prämie" oder „Risikoprämie" bezeichnet. Da bei dieser Prämienberechnung der Versicherer nur so viel von den Versicherten einfordert, als er zur Deckung der in dem betreffenden Jahr voraussichtlich fällig werdenden Versicherungssummen benötigt, erübrigt sich die Anlage eines besonderen Reservefonds zur Sicherstellung später fällig werdender Verpflichtungen. Die vom Versicherer vereinnahmten Prämien sind unter der Voraussetzung, daß der tatsächliche Ablauf den vorausbestimmten Rechnungsgrundlagen entspricht, gerade ausreichend, um die Leistungen des Versicherers zu decken.

b) Die steigende Sterbenswahrscheinlichkeit

Die in der Sachversicherung allgemein übliche Methode der Risikoprämienberechnung stößt in der Lebensversicherung auf gewisse Schwierigkeiten. Der Grund liegt in der Tatsache, daß die Sterbenswahrscheinlichkeit nicht während der ganzen Dauer des Vertrages gleich bleibt. Mit jedem Jahr nähert sich der Mensch seinem Tode; zwangsläufig nimmt das menschliche Leben innerhalb einer gewissen Zeit ein Ende,

---

[1] So *Nöbel*, H.: Das Deckungskapital in der Lebensversicherung, a. a. O., S. 4.

das beim einzelnen zwar unbestimmt ist, in der Masse aber, nach dem Gesetz der großen Zahl, eine gewisse Regelmäßigkeit aufweist. Im 1. Lebensjahr ist die Sterbegefahr sehr groß; sie nimmt dann bis zum 15. Lebensjahr ab, um nach einer Periode ziemlicher Stabilität zuerst langsam, schließlich immer intensiver zu steigen[2].

Würde man die Prämienhöhe nun dem jeweiligen Risiko entsprechend bemessen, so hätte der Versicherungsnehmer in jungen Jahren — vom ersten Lebensjahr abgesehen — eine niedrige Prämie zu bezahlen, die mit zunehmendem Alter ständig anstiege und schließlich als Grenzwert die Versicherungssumme erreichen würde. Gleichzeitig würde es bedeuten, daß der Frühversterbende mit relativ geringen Prämienleistungen den Anspruch auf die Versicherungssumme erhält, während derjenige, dem ein hohes Alter beschieden ist, unter Anrechnung von Zins und Zinseszins weit mehr als die Versicherungssumme bezahlen müßte. Ein solches Ergebnis würde den gewünschten Erfolg einer Lebensversicherung gerade in das Gegenteil verkehren.

2. Die wirtschaftsnotwendige Prämienberechnung

Da die natürliche Prämie der wirtschaftlichen Zweckbestimmung der Lebensversicherung zuwiderläuft, ist die Versicherungspraxis zu anderen Methoden der Prämienberechnung übergegangen. Bei ihrer Betrachtung müssen wir zwischen der Einmalprämie, der sog. Mise, und der jährlich gleichbleibenden Prämie, welcher in der Praxis die Hauptbedeutung zukommt, unterscheiden.

a) Die einmalige Nettoprämie

Den Ausgangspunkt für die Prämienberechnung bildet eine durch das Versicherungsaufsichtsamt genehmigte Sterbetafel, woraus sich ergibt, wie viele Personen eines bestimmten Alters im Laufe eines Jahres voraussichtlich versterben und wie viele ins neue Jahr übertreten. Dazu kommt ein bestimmter Zinsfuß, der bei der Anlage der vereinnahmten Gelder mit Sicherheit während der ganzen Versicherungsdauer zu erzielen ist. Will sich nun beispielsweise[3] ein Fünfunddreißigjähriger auf den Todesfall versichern, so stellt der Versicherer anhand der Sterbetafel zunächst fest, daß von 100 000 lebend geborenen Personen etwa 58 000 ihren 35. Geburtstag erleben. Nun unterstellt er, daß sich diese fingierte Masse in ihrer Gesamtheit auf den Todesfall mit der Summe 1 versichern läßt, und stellt fest, wieviele Personen von den 58 000 Fünfund-

---

[2] Vgl. *Michelson*, J.: Die Behandlung der Prämienreserve und des Prämienreservefonds, Borna-Leipzig 1908, S. 1.

[3] Das Beispiel wurde entnommen aus: *Nöbel*, H.: Das Deckungskapital in der Lebensversicherung, a. a. O., S. 5 f.

dreißigjährigen im folgenden Jahr nach den statistischen Erfahrungen sterben werden. Die Summe der hiernach fällig werdenden Versicherungsleistungen wird mit dem festgesetzten Rechnungszinsfuß auf den Zeitpunkt des Abschlusses diskontiert, d. h. es wird errechnet welches Kapital zum Zeitpunkt des Abschlusses angelegt werden muß, damit es mit den Zinserträgen ausreicht, um die im ersten Jahr auszuzahlenden Versicherungssummen zu decken. Dieselbe Berechnung wird dann für die Todesfälle des zweiten, des dritten und der folgenden Versicherungsjahre angestellt, wobei die auszuzahlenden Versicherungssummen unter Berücksichtigung von Zins und Zinseszins jeweils auf das Ausgangsjahr zu diskontieren sind. Ist nach der Sterbetafel die ganze Altersgruppe abgestorben, werden die diskontierten Versicherungssummen sämtlicher Jahre addiert und der Versicherer erhält den Barwert seiner Verpflichtungen für den Zeitpunkt des Abschlusses. Durch Division des Barwertes sämtlicher Auszahlungen durch die Anzahl der bei Abschluß Lebenden, in vorliegendem Beispiel also 58 000, kommt man auf die vom einzelnen Versicherungsnehmer zu zahlende Einmalprämie für die lebenslängliche Versicherung.

b) Die laufende Nettoprämie

Bei der Todesfallversicherung mit laufender jährlich gleichbleibender Prämie besteht das ungewisse Moment des Todes nicht nur für die Ausgabenseite des Versicherers, sondern wirkt auch auf der Einnahmenseite, da ja die Versicherungsnehmer die Prämie nur bis zu ihrem Tode bezahlen.

Bei der Aufstellung dieser „gleichbleibenden Prämientarife" werden zunächst die Barwerte sämtlicher auszuzahlender Versicherungssummen, wie bei der Versicherung mit einmaliger Prämie, ermittelt. Dann wird nach der Sterbetafel festgestellt, wieviel Personen zu Beginn eines jeden Versicherungsjahres noch am Leben sind und demnach Prämien zahlen werden. Unterstellt man nun, daß alle Versicherungsnehmer jedes Jahr die Summe 1 zahlen, und diskontiert die gesamten Zahlungen der einzelnen Versicherungsjahre mit dem gewählten Zinsfuß, in gleicher Weise wie die Auszahlungen, auf den Zeitpunkt des Abschlusses, so erhält man den Barwert sämtlicher Einnahmen von Summe 1. Nach dem in der Versicherungswirtschaft geltenden Grundsatz, daß die Gesamtausgaben des Versicherers den Gesamtleistungen des Versicherungsnehmers äquivalent sein sollen, ergibt sich somit folgende Gleichung: Der Barwert sämtlicher Zahlungen der Versicherungsnehmer von Summen 1 multipliziert mit der (zu bestimmenden) Prämie für die Einheit der Versicherungssumme muß gleich sein dem Barwert sämt-

licher auszuzahlenden Versicherungssummen 1. Durch Division der Barwerte der Versicherungssummen durch die Barwerte der Zahlungen 1
der Versicherungsnehmer errechnet sich als Quotient die jährliche Prämie, die der Versicherungsnehmer zeitlebens zu Beginn eines jeden
Jahres für die Einheit 1 der Versicherungssumme zahlen muß.

Die gleichbleibende Jahresprämie wird des öftern auch als „Durch-
schnittsprämie" bezeichnet, die das gewogene Mittel sämtlicher natürlicher Prämien, diskontiert auf den Versicherungsbeginn, darstellt[4].
Diese Ansicht ist richtig, wenn man die Gesamtzahl der Versicherungen
einer Altersgruppe betrachtet; sie geht jedoch fehl, wenn man das Ergebnis auf die einzelne Versicherung bezieht[5]. Es ist daher zweckmäßig,
um irrtümliche Vorstellungen zu vermeiden, von dem Begriff Durch-
schnittsprämie abzusehen.

c) Die ausreichende Prämie

Bei den vorstehenden Ausführungen über die wirtschaftsnotwendige
Prämienberechnung sind wir davon ausgegangen, daß das Versicherungsunternehmen ohne Kosten arbeite. Deshalb haben wir nur die
Zahlungen an Versicherungssummen als Leistungen des Versicherers
und die Bezahlung der Nettoprämie als Gegenleistung der Versicherungsnehmer berücksichtigt. In Wirklichkeit hat der Versicherer jedoch
die Kosten des Betriebes zu bestreiten, und die Versicherungsnehmer
zahlen daher keine Nettoprämie, sondern eine um die Kostenzuschläge
erhöhte ausreichende Prämie. Es sind daher bei der Prämienberechnung
auf der Ausgabenseite grundsätzlich noch folgende Posten zu berücksichtigen:

1. Ein Betrag für die einmaligen, durch Anwerbung und Abschluß entstehenden Kosten, proportional der Versicherungssumme; dies ist die
   sog. Zillmerquote.

2. Ein Betrag für laufende Verwaltungskosten, proportional zur Versicherungssumme.

3. Inkassokosten, proportional der Prämie.

Nach Nöbel[6] ist es auch üblich, für die Beteiligung am Gewinn einen
Gewinnzuschlag in die Prämie einzurechnen.

---

[4] So *Koenig*, H.: Die vermögenswerten Rechte aus dem Lebensversicherungsvertrag, a. a. O., S. 432.
[5] Vgl. näheres bei *Wall*, A.: Die Ansprüche des Versicherten auf die Prämienreserve in der Lebensversicherung, a. a. O., S. 14.
[6] *Nöbel*, H.: Das Deckungskapital in der Lebensversicherung, a. a. O., S. 7.

3. Vergleich der rechnungsmäßigen Einnahmen und Ausgaben

a) Grundsätzliches

Vergleicht man bei der versicherungsmathematischen Prämienberechnung für eine bestimmte Altersgruppe die Gesamteinnahmen mit den Gesamtausgaben eines Versicherers, so zeigt sich, daß die Versicherungsnehmer in den ersten Versicherungsjahren insgesamt, und damit auch jeder einzelne, mehr zahlen, als der Versicherer zur Deckung der fällig werdenden Versicherungssummen benötigt. Bei Versicherungen gegen Einmalprämie leuchtet dies ohne weiteres ein. Während hier die Versicherungsnehmer gleich zu Beginn ihre gesamte Leistung zu erbringen haben, braucht der Versicherer bei normalem Verlauf in den ersten Jahren nur wenige Versicherungssummen auszubezahlen. Da aber die Prämienberechnung nach dem Prinzip „Leistung = Gegenleistung" erfolgte und die Zahlung der meisten Versicherungssummen noch aussteht, muß der Versicherer mehr eingenommen als ausgegeben haben.

Bei den Versicherungen mit gleichbleibender Jahresprämie ergibt sich dieselbe Situation in abgeschwächtem Ausmaß. Die Versicherungsnehmer zahlen während der ganzen Versicherungsdauer eine gleichbleibende Prämie. Dagegen nehmen die Leistungen des Versicherers einen progressiven Verlauf. Sie bleiben in den ersten Versicherungsjahren wegen der geringeren Sterblichkeit jüngerer Versicherungsnehmer unter der eigentlichen Prämienzahlung, steigen dann erst langsam und später rascher und übertreffen bei hohem Alter schließlich die Prämie um ein Vielfaches. Der Versicherer muß also auch hier in den ersten Versicherungsjahren mehr erhalten als aufgewendet haben[7].

Aus den Mehreinnahmen der ersten Versicherungsjahre muß der Versicherer zur rechnungsmäßigen Ergänzung der Mindereinnahmen in den späteren Jahren eine Rückstellung bilden. Dieses verzinslich angesammelte Mehr, welches in den Besitz des Versicherers gelangt, nennt man das Deckungskapital[8]. Seine große Bedeutung als wirtschaftlichtechnische Grundlage eines Lebensversicherungsbetriebes zeigt sich in der Bilanz, wo diese Position durchschnittlich 80 v.H. aller Passiva beträgt[9].

Haben unsere bisherigen Untersuchungen gezeigt, daß die wirtschaftliche Prämienberechnung zwangsläufig bei allen Lebensversicherungen,

---

[7] Vgl. *Nöbel*, H.: Das Deckungskapital in der Lebensversicherung, a. a. O., S. 7 f.; *Hagen*, O.: Versicherungsrecht. In: Ehrenberg, V.: Handbuch des gesamten Handelsrechts, 8. Bd., II. Abt., Leipzig 1922, S. 443 f.

[8] Begriffserläuterung siehe 2. Kapitel, Abschnitt III 1 a.

[9] So *Alder*, A.: Begriff und Bezeichnung des Deckungskapitals in der Lebensversicherung. In: Festgabe Moser, Bern 1931, S. 104.

die länger als 1 Jahr dauern, zur Entstehung eines Deckungskapitals führt, so ergibt sich die berechtigte Frage, warum dann nur bei solchen Versicherungen ein Rückvergütungsanspruch besteht, bei denen „der Eintritt der Verpflichtung des Versicherers zur Zahlung des vereinbarten Kapitals gewiß ist". Zu ihrer Beantwortung wollen wir die Grundformen der Lebensversicherung im einzelnen betrachten.

b) Die Risiko-Lebensversicherung

Bei der Risiko-Lebensversicherung wird der Versicherungsschutz nur für eine begrenzte Zeitdauer gewährt, d. h., es erfolgt eine Leistung aus dieser Versicherung nur dann, wenn der Tod des Versicherten innerhalb des vereinbarten Zeitraumes eintritt. Die Beiträge sind zu zahlen bis zum Tod, längstens für die Dauer des Versicherungsschutzes. Sie sind verfallen, wenn der Versicherte den Ablauf der Versicherung erlebt[10].

Der Versicherer ist bei der Kalkulation dieses Tarifes also davon ausgegangen, daß seine Leistungspflicht nur für einen Teil der abgeschlossenen Verträge eintritt, wobei aber zur Befriedung dieser Ansprüche auch die Prämien aus den Versicherungsverhältnissen beitragen, bei denen der Versicherungsfall nicht eintritt. Müßte der Versicherer auf diese Einnahmen verzichten, so wäre er ceteris paribus auf die Dauer nicht in der Lage, seinen vertraglichen Verpflichtungen nachzukommen. Die Auszahlung einer Rückvergütung bei vorzeitiger Vertragsbeendigung würde aber diesen Verzicht beinhalten. Der Ausschluß des Rückkaufes bei der Risiko-Lebensversicherung ist daher die natürliche Folge ihrer Tarifgestaltung.

Hinzu kommt die praktische Erwägung, daß ein Rückkaufsrecht des Versicherungsnehmers in diesem Fall dazu führen würde, die gesunden Leben zur vorzeitigen Vertragsbeendigung zu veranlassen, sobald sie den Eintritt des Versicherungsfalles während der Vertragsdauer nicht mehr zu erwarten hätten, da sie hierbei wenigstens die Rückvergütung erhielten, während sie bei Vertragsablauf leer ausgingen. Dem Versicherer aber verblieben die Vertragsverhältnisse mit den schlechten Risiken, aus denen er zur Leistung herangezogen wird, falls der Versicherte stirbt. Dieses Ergebnis widerspricht schon dem Sinn der Risikoversicherung und würde sich eindeutig zu Lasten der Versicherer auswirken. Der Gesetzgeber hat sich daher mit Recht gegen die Möglichkeit des Rückkaufes bei der Risiko-Lebensversicherung ausgesprochen.

---

[10] So: Der Versicherungskaufmann, Abt. Lebensversicherung, Wiesbaden 1954, S. 11 001 f.

c) Die reine Erlebensfallversicherung

Die reine Erlebensfallversicherung sieht eine Leistung des Versicherers nur für den Fall vor, daß der Versicherte einen im voraus vertraglich festgelegten Termin erlebt. Stirbt der Versicherte vor diesem Zeitpunkt, so ist der Versicherer leistungsfrei. Die bis dahin bezahlten Prämien sind verfallen.

Diese Versicherung stellt hinsichtlich des Rückvergütungsanspruches die Parallele zur reinen Todesfallversicherung dar. Auch bei der reinen Erlebensfallversicherung geht der Versicherer in der Kalkulation davon aus, daß ihm die Prämien für alle abgeschlossenen Verträge zufallen, obwohl nur ein Teil dieser Versicherungen zur Auszahlung kommt. Das bedeutet, daß die Deckungskapitalien der durch Tod erlöschenden Versicherungen auf die überlebenden Versicherten übergehen. Sie werden mithin in voller Höhe für die Sicherstellung der zur Auszahlung kommenden Versicherungen benötigt. Aus diesem Grund ist der gesetzliche Zwang zur Auszahlung eines Rückkaufswertes in § 176 i. V. m. § 178 VVG auch nicht auf die Erlebensfallversicherung ausgedehnt worden.

d) Die Versicherung auf den Todes- und Erlebensfall

Die Versicherung auf den Todes- und Erlebensfall, auch gemischte Lebensversicherung genannt, ist die am häufigsten vorkommende Form der Lebensversicherung. Sie ist die Kombination der beiden vorgenannten Grundversicherungsformen, und das Kapital wird im Gegensatz zu diesen nicht nur im Todesfall, sondern auch im Erlebensfall bei Ablauf der Versicherungsdauer ausgezahlt. Die Leistungspflicht des Versicherers tritt also in jedem Fall ein. Diese Tatsache hat der Versicherer bei der Berechnung der Tarifprämie einkalkuliert. Würde er deshalb bei der vorzeitigen Vertragsbeendigung eines Versicherungsnehmers von jeglicher Leistung frei, so wäre er hinsichtlich des für diese Versicherung angesammelten Deckungskapitals bereichert. Deshalb hat auch der Gesetzgeber bestimmt, daß Versicherungen mit unbedingter Leistungspflicht zurückgekauft werden können und der Versicherer verpflichtet ist, dem Versicherungsnehmer die auf die Versicherung entfallende Rückvergütung zu erstatten (§ 176 Abs. 1 VVG).

e) Die lebenslängliche Todesfallversicherung

Bei der lebenslänglichen Todesfallversicherung wird die Versicherungssumme nach dem Tode des Versicherten ausbezahlt, ohne Rücksicht auf dessen Zeitpunkt. Es ist also gewiß, daß der Versicherer einmal die Versicherungsleistung erbringen muß. Diesem Umstand hat der

Versicherer bereits bei der Prämienkalkulation Rechnung getragen; deshalb gelten für die Todesfallversicherung hinsichtlich des Rückvergütungsanspruches die zur gemischten Versicherung vorgetragenen Ausführungen.

III. Das Deckungskapital als Grundlage zur Berechnung der Rückvergütung

1. Begriff und Arten des Deckungskapitals

a) Der Begriff des Deckungskapitals

Der Begriff des Deckungskapitals ist gesetzlich nicht geregelt. Lediglich eine Fußnote zu § 5 der AVB enthält folgende Definition: „Das Deckungskapital einer Versicherung wird durch verzinsliche Ansammlung eines Teiles der für die Versicherung bezahlten Prämien gebildet. Der zur Ansammlung verwendete Teil jeder Prämie ist ebenso wie der Zinsfuß durch den von der Aufsichtsbehörde genehmigten Geschäftsplan der Gesellschaft bestimmt. Der Rest der Prämie dient besonders dazu, die durch Tod fällig werdenden Versicherungssummen zu zahlen und die Kosten der Verwaltung, vor allem die Abschlußkosten, zu decken." Das Deckungskapital ist also derjenige Teil der bezahlten Prämien, den der Lebensversicherer in einem bestimmten Zeitpunkt angesammelt und zurückgelegt haben muß, um zusammen mit den künftig fällig werdenden Prämien die noch zu erwartenden Verpflichtungen erfüllen zu können[1], oder versicherungsmathematisch ausgedrückt, der Unterschied des Barwertes der künftigen Leistungen der Gesellschaft und des Barwertes der künftigen Leistungen des Versicherten[2]. Der Begriff des Deckungskapitals hat somit einen versicherungstechnischen Inhalt und ist rechtsdogmatisch nicht zu erfassen.

Die deutsche Reichsgesetzgebung hat an Stelle der Bezeichnung Deckungskapital das Wort „Prämienreserve" gewählt. Dieser Ausdruck kann jedoch leicht zu Mißverständnissen führen, denn unter Reserven versteht man Posten, die ein zusätzliches Eigenkapital darstellen[3]. Gegenüber solchen Reserven nimmt die Prämienreserve eine ganz andere Stellung ein. Sie ist eine rechnerische Größe, die in der Bilanz des Versicherers als Passivposten erscheint und der Sicherstellung künftiger Verbindlichkeiten dient. Es handelt sich also nicht um eine Reserve, auch nicht um eine Rücklage, sondern um eine Rückstellung.

Die Bezeichnung „Prämienreserve" ist, da sie leicht falsche Vorstellungen erweckt, nicht sehr glücklich gewählt. Daneben finden sich die

---

[1] *Koenig*, W.: Schweizerisches Privatversicherungsrecht, a. a. O., S. 349.
[2] VerAfP 1905, S. 79.
[3] Vgl. *Schäfer*, E.: Die Unternehmung, Köln-Opladen 1956, S. 338 ff.

Ausdrücke „Zeitwert", „Policenwert" oder schlechthin „Reserve". Keine dieser Bezeichnungen trifft vollständig den Kern der Sache. Dieser läßt sich nicht in einem einzigen Wort ausdrücken. Am geeignetsten scheint immer noch die Bezeichnung „Deckungskapital", da sie zumindest in negativer Richtung eine falsche Deutung ausschließt[4].

b) Die Arten des Deckungskapitals

aa) Das Gesamtdeckungskapital

Das in den Bilanzen eines Lebensversicherungsunternehmens ausgewiesene Deckungskapital stellt das Gesamtdeckungskapital des ganzen Lebensversicherungsbestandes dar. Seine Größe hängt von der Zusammensetzung und dem Alter des betreffenden Bestandes ab, d. h. sie richtet sich danach, ob es sich um männliche oder weibliche Versicherte handelt und in welchem Lebensalter diese stehen.

Der Versicherungsmathematiker setzt für seine Berechnungen voraus, daß die im Geschäftsplan des Versicherers niedergelegten Rechnungsgrundlagen dem tatsächlichen Verlauf der Sterblichkeit und des zu erwirtschaftenden Zinses entsprechen. Da jedoch weder die Sterblichkeit noch die Zinserträge genau vorausbestimmbar sind, ergibt sich hieraus die charakteristische Eigentümlichkeit einer Lebensversicherungsbilanz, daß nämlich der Hauptteil ihrer Passiva das Ergebnis einer Schätzung darstellt. Diese Erkenntnis hat wesentlich dazu beigetragen, daß das Gesamtdeckungskapital im Aufsichtsrecht eine bedeutende Rolle spielt[5].

bb) Das Einzeldeckungskapital

Der Anteil des einzelnen Versicherungsnehmers am Gesamtdeckungskapital läßt sich mathematisch ohne besondere Schwierigkeit bestimmen. Man geht dabei von einer durch die Sterbetafel angezeigten Altersgruppe aus und errechnet das Deckungskapital, welches sich für diese Altersgruppe zu einem bestimmten Zeitpunkt ergibt. Durch Division dieses Wertes mit der Anzahl der gemäß der Sterbetafel Überlebenden, gelangt man zu dem Anteil der jeder einzelnen Versicherung rechnungsmäßig entspricht. Dabei ergibt sich die Frage, ob dieser mathematische Durchschnittswert dem individuellen Deckungskapital einer Einzelversicherung entspricht und zweckmäßig die Grundlage für die Bemessung der Rückvergütung abgibt.

---

[4] *Wall*, A.: Die Ansprüche der Versicherten auf die Prämienreserve in der Lebensversicherung, a. a. O., S. 11.

[5] Vgl. hierzu *Alder*, A.: Begriff und Bezeichnung des Deckungskapitals in der Lebensversicherung, a. a. O., S. 104 f. und S. 122.

Zur Beantwortung dieser Frage müssen wir auf die Technik und die Grundlagen der Lebensversicherung zurückgehen. Bei Bemessung der Tarifprämie unterstellt die Versicherungsmathematik, daß die Sterblichkeit in Zukunft nach der angewandten Absterbeordnung verläuft und setzt außerdem gleiche Risiken voraus. Beides sind Fiktionen, denn weder wird die Sterblichkeit sich jemals genau vorausbestimmen lassen, noch kann von einer absoluten versicherungsmathematischen Gleichwertigkeit der zu versichernden Leben die Rede sein. Wenn man eine solche für den Zeitpunkt des Eintritts in die Versicherung annimmt, so darf man schon im nächsten Augenblick nicht mehr davon sprechen. Die gesundheitlichen Verhältnisse ändern sich meist sehr schnell, wobei die materiellen und seelischen Einflüsse auf den Menschen die Lebensdauer weitgehend mitbestimmen.

Die nach einer bestimmten Anzahl von Jahren noch lebenden Versicherten sind also keine homogene, gesundheitlich gleichwertige Gruppe. Wenn wir daher das Gesamtdeckungskapital einfach durch die Anzahl der Überlebenden dividieren, erhalten wir einen Mittelwert, das sogenannte durchschnittliche Deckungskapital. Dieses würde mit dem Wert des individuellen Deckungskapitals nur übereinstimmen, wenn die Sterbensgefahr bei allen Versicherten gleich wäre, d. h. die Verpflichtung des Versicherers aus jeder Versicherung müßte genau denselben Wert repräsentieren. Da aber die Einwirkungen der lebensverkürzenden und lebensverlängernden Umstände, wie Beruf, Lebensgewohnheiten, Rasse, hereditäre Krankheitsdispositionen, Klima usw., auf das Individuum sehr verschieden sind, kann dies nicht der Fall sein[6]. Es ist deshalb eine irrige Ansicht, zu glauben, der mathematisch ermittelte Anteil am Gesamtdeckungskapital stimme mit dem Wert des individuellen Deckungskapitals überein. Es mag dies in Ausnahmefällen zutreffen, aber im allgemeinen besteht zwischen beiden Werten sogar ein erheblicher Unterschied[7].

Man kommt daher zu dem Ergebnis, daß nur das individuelle Deckungskapital den wahren Wert einer Versicherung darstellt und bei vorzeitiger Vertragsauflösung auch die Rechnungsgrundlage für die Rückvergütung des Versicherungsnehmers bilden sollte. Da der Versicherer aber die fernere Lebensdauer des abfallenden Versicherungsnehmers nicht kennt, ist es praktisch unmöglich, das wirkliche, dem Einzelfall angepaßte Deckungskapital einer Lebensversicherung zu bestimmen. So muß man sich damit begnügen, den theoretisch richtigen Wert durch den

---

[6] Vgl. *Koenig*, H.: Die vermögenswerten Rechte aus dem Lebensversicherungsvertrag, a. a. O., S. 447 f.

[7] Erstmalig wurde dieser Unterschied von Höckner herausgestellt und zahlenmäßig nachgewiesen (*Höckner*, G.: Das Deckungskapital im Lebensversicherungsvertrag und die Abfindungswerte bei vorzeitiger Vertragslösung, Berlin 1909, S. 53 ff.).

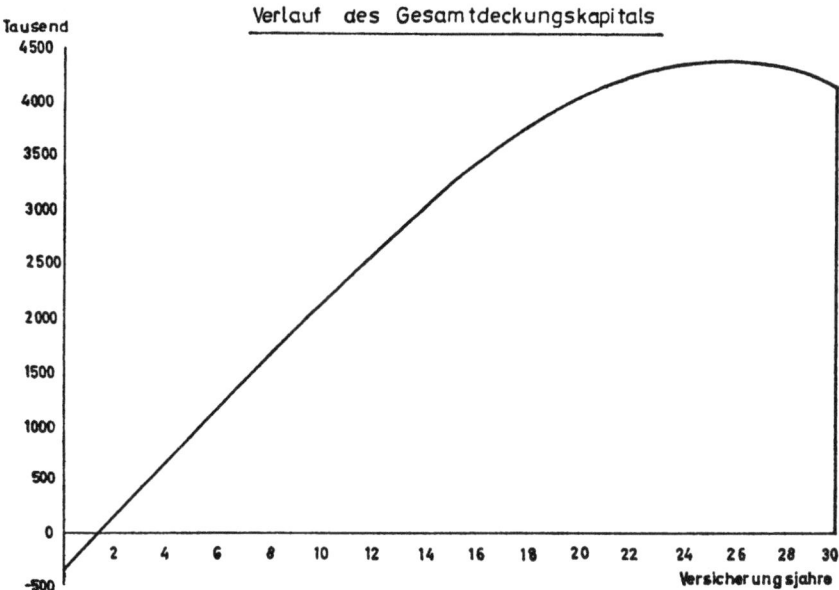

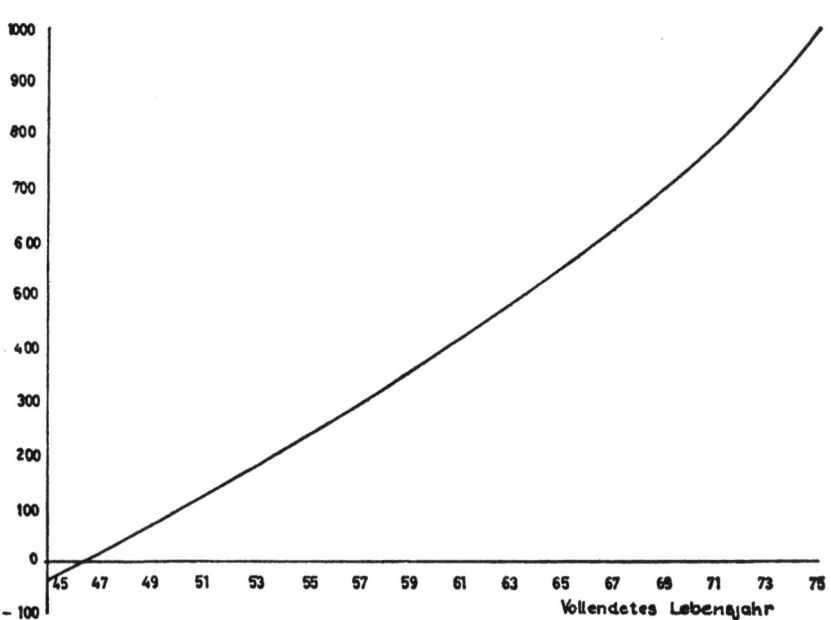

anfechtbaren, aber praktisch feststellbaren — gemeint ist das durchschnittliche Deckungskapital — zu ersetzen.

Diese zunächst unbefriedigend erscheinende Lösung wird jedoch vertretbar, wenn man die Versicherungsnehmer als eine Gemeinschaft betrachtet, deren beiderseitige Leistungen auf dem Gesetz der großen Zahl beruhen. In der Gesamtheit aller Versicherten gleichen sich die Unterschiede nämlich aus, so daß sich der Versicherer bei der Bestimmung des durchschnittlichen Deckungskapitals nicht allzuweit von dem wirklichen Wert aller Versicherungen entfernt.

Da das Einzeldeckungskapital[8] durch einen Bruch gebildet wird, dessen Zähler, das Gesamtdeckungskapital einer bestimmten Altersgruppe zwar später abnimmt, dessen Nenner, die Anzahl der Lebenden, aber in noch viel stärkerem Grade fällt, nimmt es auch dann noch zu, wenn das Gesamtdeckungskapital der betreffenden Altersgruppe bereits wieder abnimmt, und erreicht in dem Zeitpunkt, wo nach der Sterbetafel die letzte Versicherungssumme auszuzahlen ist, den Betrag der vollen Versicherungssumme[9].

Nebenstehende Darstellung einer gemischten Versicherung über DM 1000,— Versicherungssumme mit 30jähriger Dauer und einem Eintrittsalter von 45 Jahren möge die vorstehenden Ausführungen veranschaulichen.

2. Die rechtliche Natur des Deckungskapitals

a) Die früheren Theorien

Die rechtliche Natur des Deckungskapitals war vor Erlaß des VVG stark umstritten, und es ist bezeichnend, daß je nach der Auffassung, die ein Autor vom Wesen des Lebensversicherungsvertrages hatte, er auch zu einer ganz bestimmten Auffassung gegenüber dem Deckungskapital gelangte.

Die — heute verlassene — Theorie von der Doppelnatur des Lebensversicherungsvertrages führte zu der Auffassung, daß das Deckungskapital ein Sparguthaben des Versicherungsnehmers sei. Es entspreche dem Teil der Prämie, der die sogenannte Sparprämie bildet und bei Vertragsauflösung als Sparguthaben herauszugeben sei. Diese Auffassung ist zwar vom wirtschaftlichen Standpunkt aus ohne weiteres einleuchtend, aber als juristische Konstruktion nicht haltbar. Der Lebensver-

---

[8] Gemeint ist bei den folgenden Erörterungen stets das durchschnittliche Einzeldeckungskapital, wenn von Einzeldeckungskapital gesprochen wird.

[9] Vgl. *Nöbel*, H.: Das Deckungskapital in der Lebensversicherung, a. a. O., S. 11; *Koenig*, H.: Die vermögenswerten Rechte aus dem Lebensversicherungsvertrag, a. a. O., S. 446 f.

Vollende-tes Alter	Überlebende nach der Allg. Sterbetafel für das Deutsche Reich 1924/26	Gesamt-deckungs-kapital	Einzeldeckungs-kapital = = Gesamt-deckungskapital: Anzahl der Überlebenden
45	10 000	− 350 000	− 35
46	9 932	− 99 320	− 10
47	9 860	+ 157 760	+ 16
48	9 783	410 886	42
49	9 702	659 736	68
50	9 616	913 520	95
51	9 524	1 171 452	123
52	9 427	1 414 050	150
53	9 323	1 668 817	179
54	9 212	1 916 096	208
55	9 093	2 155 041	237
56	8 965	2 384 690	266
57	8 827	2 612 792	296
58	8 681	2 830 006	326
59	8 524	3 043 068	357
60	8 356	3 242 128	388
61	8 177	3 434 340	420
62	7 985	3 609 220	452
63	7 780	3 773 300	485
64	7 559	3 923 121	519
65	7 324	4 050 172	553
66	7 075	4 160 100	588
67	6 809	4 255 625	625
68	6 527	4 320 874	662
69	6 230	4 373 460	702
70	5 919	4 397 817	743
71	5 595	4 397 670	786
72	5 259	4 380 747	833
73	4 912	4 337 296	883
74	4 555	4 277 145	939
75	4 188	4 188 000	1 000

sicherungsvertrag ist ein einheitlicher Vertrag und daher kann auch die Prämie rechtlich nicht in einen Spar- und einen Risikoanteil auseinandergerissen werden.

Eine weitere Theorie, besonders charakteristisch vertreten von Hecker[10], bezeichnet das Deckungskapital als im voraus vereinnahmte Prämie. Diese sogenannte Antizipationstheorie ging von der versicherungstechnischen Überlegung aus, daß der Versicherer in den ersten Jahren mehr an Prämien einnimmt, als er zur Deckung der fällig werdenden Versicherungssummen benötigt. Auf diese „anticipando" entrichtete Prämie sei der Versicherungsnehmer anspruchsberechtigt. Juristisch ist auch diese Auffassung angreifbar, denn der Versicherungs-

---

[10] *Hecker*, H.: Die rechtliche Natur der Prämienreserve bei der Lebensversicherung, a. a. O., S. 27 f.

nehmer entrichtet nur die vertraglich vereinbarte und rechtlich in vollem Umfang geschuldete Prämie. Er zahlt diese weder zu viel noch im voraus.

Diese angeführten Beispiele mögen genügen, um aufzuzeigen, daß der enge Zusammenhang zwischen dem Deckungskapital einerseits und dem Lebensversicherungsvertrag andererseits schon bei den früheren theoretischen Erörterungen richtig erkannt wurde. Fehlerhaft war jedoch, daß man den Versicherungsvertrag in eine der herkömmlichen Vertragstypen pressen wollte und dadurch auch zu einer rechtlich falschen Beurteilung des Deckungskapitals kam.

Auf die anderen Theorien an dieser Stelle nochmals näher einzugehen, erübrigt sich unseres Erachtens, weil dies schon mehrfach in vortrefflicher Weise geschehen ist[11].

b) Der vertragliche Ursprung des Deckungskapitals

Die moderne Auffassung über die rechtliche Natur des Deckungskapitals basiert auf der König'schen Identitätstheorie, die den Lebensversicherungsvertrag als einen Vertrag sui generis erkennt und daher auch das Deckungskapital nicht in einen der gebräuchlichen Begriffe der allgemeinen Rechtslehre hineinzwängt.

Bei der mathematisch-wirtschaftlichen Erörterung über die Bildung des Deckungskapitals gehen wir stets von einer bestimmten Altersgruppe aus. Den Juristen hingegen interessiert der einzelne Vertrag, also das direkte Verhältnis zwischen dem Versicherungsnehmer und dem Versicherer. Betrachtet man diesen einzelnen Vertrag, so ergibt sich, daß die Entstehung des Deckungskapitals auf folgendes zurückzuführen ist[12]:

1. Die Abhängigkeit der vertraglichen Leistungen vom Leben des Versicherten.

2. Die vereinbarten Modalitäten der beiderseitigen Leistungen.

Diese beiden Faktoren hängen eng zusammen und greifen ineinander über. So führt die Abhängigkeit der Leistung vom menschlichen Leben allein nicht notwendig zur Bildung eines Deckungskapitals. Dies zeigt

---

11 *Koenig*, W.: Schweizerisches Privatversicherungsrecht, a. a. O., S. 352 f.; *Nöbel*, H.: Das Deckungskapital in der Lebensversicherung, a. a. O., S. 91 ff.; *Bischoff*, D.: Die rechtliche Bedeutung der Prämienreserve eines Lebensversicherungsbetriebes, Bremen 1891, S. 28 ff.; *Nolte*, J.: Ergibt sich aus der Natur des Lebensversicherungsvertrages nach heutigem Recht ein Anspruch des Versicherten auf die Prämienreserve, a. a. O., S. 29 ff.; *Hecker*, H.: Die rechtliche Natur der Prämienreserve bei der Lebensversicherung, a. a. O., S. 16 ff.; *Bendix*, L.: Kritik der Theorien über den Lebensversicherungsvertrag. In: ZVersWiss., 3. Bd., Berlin 1903, S. 490; *Wall*, A.: Die Ansprüche des Versicherten auf die Prämienreserve in der Lebensversicherung, a. a. O., S. 21 ff.

12 So *Nöbel*, H.: Das Deckungskapital in der Lebensversicherung, a. a. O., S. 103.

sich zum Beispiel bei einer einjährigen Versicherung oder bei überjährigen Versicherungen mit natürlicher Prämie. Auch verursacht nicht jede beliebige Zahlungsmodalität allein die Entstehung eines Deckungskapitals. Nur wo die Prämie des Versicherungsnehmers in der Versicherungsperiode mit dem jeweils bestehenden Risiko divergiert, kommt es zur Bildung eines Deckungskapitals.

Die rechtsgeschäftlichen Vereinbarungen der Parteien über ihre beiderseitigen Leistungen, die vom Leben oder Sterben der versicherten Person abhängig sind, stellen nach der heutigen Anschauung den wesentlichen Inhalt eines Lebensversicherungsvertrages dar. So bezeichnet Ehrenzweig[13] als Lebensversicherungsverträge „solche Verträge, bei denen sich die Ungewißheit des wirtschaftlichen Enderfolges für beide Teile aus einer Vertragsbestimmung ergibt, die an Leben oder Sterben einer Person anknüpft". Dabei ist die Willenseinigung über die Höhe der Versicherungssumme und des Entgeltes, sowie die Vereinbarung über die Art der Zahlung, ob als Mise oder als Prämie, für den Vertragsschluß wesentlich. Wirtschaftliche Beweggründe dagegen, wie die Erreichung eines bestimmten Sparergebnisses, die Sicherstellung der Zukunft der Familie, Vorsorge für Frau und Kinder, Erhöhung des Personalkredits u. a. sind für die rechtliche Beurteilung der Natur des Lebensversicherungsvertrages ohne Bedeutung[14]. Beruht aber die Entstehung des Deckungskapitals auf den wesentlichen Bestandteilen des Lebensversicherungsvertrages, so ist auch das Deckungskapital selbst vertraglichen Ursprunges[15].

Wenn Nolte[16] dagegen anführt, die Entstehung eines Deckungskapitals läßt sich nicht durch die bloße Tatsache erklären, daß die Parteien einen Lebensversicherungsvertrag abgeschlossen haben, so müssen wir ihm zugestehen, daß dem Begriff der Lebensversicherung die Ansammlung eines Deckungskapitals nicht notwendigerweise innewohnt. Denken wir aber an die gegen die Erhebung der natürlichen Prämie vorgebrachten Argumente, so ist die Entstehung des Deckungskapitals im Wesen des heutigen Lebensversicherungsbetriebes, in der Art und Weise, wie die Verträge geschlossen werden, begründet. Das entscheidende Moment liegt also im Willen der Parteien, welche bestimmen, wie sie den Vertrag abschließen und die Prämien zahlen wollen[17].

---

13 *Ehrenzweig*, A.: Deutsches (Österreichisches) Versicherungsvertragsrecht, Wien, 1952, S. 391.
14 *Koenig*, H.: Die vermögenswerten Rechte aus dem Lebensversicherungsvertrag, a. a. O., S. 417.
15 *Nöbel*, H.: Das Deckungskapital in der Lebensversicherung, a. a. O., S. 104.
16 *Nolte*, J.: Ergibt sich aus der Natur des Lebensversicherungsvertrages nach heutigem Recht ein Anspruch des Versicherten auf die Prämienreserve, a. a. O., S. 57.
17 *Koenig*, H.: Die vermögenswerten Rechte aus dem Lebensversicherungsvertrag, a. a. O., S. 437; *Bosshart*, A.: Rückkauf und Umwandlung einer Lebensversicherung, a. a. O., S. 71 f.

c) Zusammenhang des Deckungskapitals mit der einzelnen Prämie

Dem Versprechen des Versicherers, bei Eintritt des Versicherungsfalles ein bestimmtes Kapital zu zahlen, steht die Verpflichtung des Versicherungsnehmers zur Prämienzahlung als einheitliche Vertragsleistung
gegenüber. Wie dabei der Versicherungsnehmer diese einheitliche Gesamtleistung erbringt, ist Sache der freien Parteivereinbarung. Jede
Prämie ist ein Teil der Gesamtleistung und stellt sich dar als eine lebenslängliche oder temporäre, gleichbleibende oder veränderliche Rente, die
der Versicherungsnehmer dem Versicherer zahlt[18]. Sie kann im juristischen Sinne nicht als Ratenzahlung aufgefaßt werden, weil es sich nicht
um die quotenmäßige Abzahlung einer bestimmten Summe handelt. Die
Prämienzahlung hört spätestens mit dem Tod des Versicherten auf,
gleichgültig wieviele Prämien bezahlt wurden. Das bedeutet, daß derjenige, welcher früh verstirbt und nur wenige Prämien entrichtet hat,
nicht zu wenig, derjenige welcher lange lebt und daher auch zu fort-
währenden Leistungen verpflichtet ist, nicht zu viel zahlt. Beide Parteien
erfüllen nur ihre freiwillig getroffenen Vereinbarungen. Somit läßt sich
aber auch kein Zusammenhang zwischen der einzelnen Prämie und dem
laufenden Jahresrisiko beziehungsweise dem Deckungskapital herstel-
len. Eine Teilung der Jahresprämie in einen Risiko- und einen Sparanteil ist daher abzulehnen. Nicht zu jeder einzelnen Prämienzahlung
gehört ein bestimmtes Deckungskapital, sondern zu der als Ganzes auf-
gefaßten Leistung des Versicherungsnehmers. Daher besteht zwischen
der einzelnen Prämie und dem rechnungsmäßig aus ihr hervorgehenden
Deckungskapital-Bestandteil kein rechtlicher Zusammenhang, woraus
der Versicherungsnehmer einen Anspruch am Deckungskapital ableiten
könnte[19]. Das anteilmäßige Deckungskapital ist aber Ausgangspunkt für
die Berechnung des vertragsmäßigen Rückkaufswertes.

d) Die Rechtsverhältnisse in Bezug auf das Deckungskapital

aa) Allgemeines

Die mathematische Tatsache, daß das Deckungskapital bei Versicherungen mit unbedingter Leistungspflicht bis zum Ablauf der Versicherung auf die volle Versicherungssumme anwächst und die Gepflogen-
heiten der Praxis, das Deckungskapital nicht in Prozent der Prämie,

---

[18] *Koenig*, H.: Die vermögenswerten Rechte aus dem Lebensversicherungsvertrag, a. a. O., S. 434.
[19] Vgl. *Nöbel*, H.: Das Deckungskapital in der Lebensversicherung, a. a. O.,
S. 105; *Koenig*, H.: Die vermögenswerten Rechte aus dem Lebensversicherungsvertrag, a. a. O., S. 433 f.

sondern für je 1000,— DM der Versicherungssumme anzugeben, deutet auf eine rechtliche Verbindung zwischen dem Deckungskapital und der Versicherungssumme hin. Ist aber ein solcher Zusammenhang auch in der juristischen Struktur des Lebensversicherungsvertrages zu erkennen?

Wir haben in unseren bisherigen Betrachtungen festgestellt, daß es sich beim Lebensversicherungsvertrag um einen Vertrag handelt, bei dem Leistung und Gegenleistung nicht Zug um Zug erfüllt werden, sondern zeitlich weit auseinanderfallen können. Auch außerhalb des Versicherungsrechts kommen solche Vertragstypen vor. Man denke beispielsweise an einen Dienstvertrag, bei dem der Lohn nach Zeitabschnitten bemessen und erst am Ende eines solchen Zeitabschnittes fällig wird. Ist der Dienst für einen Teil des betreffenden Zeitabschnittes geleistet, so kann der Dienstpflichtige bei Kündigung den Teil der Vergütung verlangen, der seinen bisherigen Leistungen entspricht (§ 628 Abs. 1 BGB). In der Lebensversicherung liegen die Verhältnisse nicht so einfach, da die Leistungen des Versicherungsnehmers in ihrer konkreten Höhe nicht eine nach Zeitabschnitten meßbare Leistung darstellen wie beim Dienstvertrag, sondern von der ungewissen Dauer des menschlichen Lebens abhängen. Auch der Anspruch des Versicherungsnehmers auf die Versicherungssumme ist durch die Dauer des menschlichen Lebens entweder befristet oder bedingt. Aber eine gewisse Anwartschaft in dem Umfang, in dem der Versicherungsnehmer seine in Teile zerlegte Leistung bewirkt, muß er auch auf die Gegenleistung des Versicherers beziehungsweise auf einen Teil derselben erlangen[20].

bb) Die Identität des Rechts am Deckungskapital mit dem Recht auf die Versicherungssumme

Um die Erfüllung seiner Verbindlichkeiten sicherzustellen, muß der Versicherer, wie wir gesehen haben, ein Deckungskapital anlegen. Bei Eintritt des Versicherungsfalles wird ein entsprechender Teil des Deckungskapitals frei und zusammen mit dem Risikoprämienanteil[21] der anderen Versicherten zur Bildung der Versicherungssumme herangezogen. Wird nun der Versicherungsvertrag durch Kündigung vorzeitig aufgelöst, so entfällt damit der Anspruch des Versicherungsnehmers auf die Versicherungssumme, und das hierfür angesammelte Deckungskapital wird nach einem angemessenen Abzug ausbezahlt. Im Deckungskapital steckt somit die Versicherungssumme gleichsam im embryo-

---

[20] Vgl. *Nöbel*, H.: Das Deckungskapital in der Lebensversicherung, a. a. O., S. 106 f.
[21] Wenn auch eine strenge Trennung der Prämienanteile abgelehnt wird, so ist doch unbestreitbar, daß die Prämie insgesamt Spar-, Risiko- und Kostenanteile enthält.

nalen Zustand. Andererseits ist in der Versicherungssumme rechnerisch und wirtschaftlich der Anteil am Deckungskapital enthalten. Daraus folgt, daß der Versicherungsnehmer nicht zugleich das Recht auf die Versicherungssumme und noch das Recht auf einen Anteil am Deckungskapital haben kann. Der eine Anspruch ist im anderen enthalten und die Geltendmachung des einen schließt den anderen aus. Diese Meinung vertritt auch das Reichsgericht in seinem Urteil vom 4.11. 1902[22], wenn es ausführt: „Der Anspruch auf die Prämienreserve ist im Vergleich mit dem Anspruch auf die volle Versicherungssumme nicht etwas anderes, sondern etwas minderes ... Daß hier ein anderer Gegensatz als der zwischen Größerem und Minderem obwaltet, ist aus dem Versicherungsstatut nicht zu entnehmen."

Der Versicherungsnehmer hat also nicht zwei verschiedene Leistungsansprüche, sondern er hat nur das Recht auf die Versicherungssumme. Dieses kann sich, wenn bei der Kündigung bestimmte Voraussetzungen gegeben sind, in ein Forderungsrecht auf einen Anteil am Deckungskapital reduzieren. Es liegt also dieselbe Forderung des Versicherungsnehmers vor, nur wird sie einmal bei Erfüllung des Vertrages, das andere Mal bei vorzeitiger Auflösung desselben geltend gemacht. Der Anspruch des Versicherungsnehmers auf das Deckungskapital ist somit nichts anderes als das zahlenmäßig abgeschwächte Recht auf die Versicherungsleistung selbst[23].

cc) Bedingte und unbedingte Leistungspflicht des Versicherers

Ein Anspruch auf das Deckungskapital entsteht jedoch nicht in allen Fällen. Wir haben gesehen, daß das Recht auf das Deckungskapital mit dem Recht auf die Versicherungssumme identisch ist. Hieraus ergibt sich, daß das Recht auf das Deckungskapital das Schicksal des Rechtes auf die Versicherungssumme teilt[24]. Das bedeutet aber, wenn das Recht auf die Versicherungssumme ein bedingtes ist, wie bei der reinen Risikoversicherung, so kann das Recht auf das Deckungskapital auch nur ein bedingtes sein, das sich vor Eintritt des Versicherungsfalles niemals zu einem unbedingten Recht verdichten kann.

Diese Tatsache hat ihren Niederschlag im VVG gefunden, wonach ein Rückkauf nur für solche Versicherungen in Frage kommt, bei denen „der Eintritt der Verpflichtung des Versicherers zur Zahlung des verein-

---

[22] RG Masius' Rundschau 1903, S. 425.

[23] Vgl. *Bosshart*, A.: Rückkauf und Umwandlung einer Lebensversicherung, a. a. O., S. 105 ff.; *Nöbel*, H.: Das Deckungskapital in der Lebensversicherung, a. a. O., S. 108 f.; *Koenig*, H.: Die vermögenswerten Rechte aus dem Lebensversicherungsvertrag, a. a. O., S. 478 ff.; *Bruck-Doerstling*: Das Recht des Lebensversicherungsvertrages, a. a. O., Anm. 8 der Vorbem. zu §§ 5—7.

[24] So *Nöbel*, H.: Das Deckungskapital in der Lebensversicherung, a. a. O., S. 110.

barten Kapitals gewiß ist" (§ 176 Abs. 1 VVG). Bei allen anderen Versicherungen kann stets nur die Umwandlung in eine beitragsfreie Versicherung verlangt werden (§ 174 Abs. 1 VVG), durch die das Recht des Versicherungsnehmers nach wie vor ein bedingtes bleibt.

Eine Ausnahme ist der Konkurs des Versicherers, der sämtliche Versicherungsverhältnisse zum Erlöschen bringt und wo infolge der völlig veränderten Sachlage allen Versicherten nach § 77 Abs. 3 VAG ein Anspruch auf das Deckungskapital erwächst[25].

dd) Das Recht auf das Deckungskapital als bedingter Anspruch

Betrachten wir das Recht auf das Deckungskapital etwas näher, so ist folgendes festzustellen: Der Versicherungsnehmer hat nach § 176 Abs. 1 VVG zunächst einen bedingten und befristeten Anspruch auf Auszahlung einer bestimmten Geldsumme, nämlich des Deckungskapitals. Bedingungen sind das Vorhandensein eines positiven Deckungskapitals und die Kündigung des Versicherungsvertrages[26]. Befristet ist die Auszahlung des Deckungskapitals durch den Ablauf der Kündigungsfrist bzw. den Ablauf des Versicherungsjahres nach der Kündigung.

Bei Versicherungsbeginn hat der Versicherungsnehmer vorläufig nur die Aussicht, bei Eintritt der Bedingungen und Termine das Recht auf Auszahlung des Deckungskapitals zu erwerben. Es besteht der für ein bedingtes Recht charakteristische Schwebezustand, in dem bereits gewisse Vorwirkungen der künftigen Rechtsänderung gegeben sind. Die Rechtsposition des bedingt Berechtigten entspricht einer Anwartschaft auf das Recht, das er bei Eintritt der aufschiebenden Bedingung erlangen soll[27].

Allgemein versteht man unter dem Begriff Anwartschaft die übertragbare und als subjektives Recht geschützte Aussicht auf künftigen Erwerb eines Rechtes. Der Grund für die Begriffsbildung war das Bedürfnis, die fraglichen Rechtspositionen übertragbar und schutzfähig zu machen. In die Einteilung der absoluten und relativen Rechte sind die Anwartschaftsrechte jeweils danach einzuordnen, welcher Gruppe das

---

[25] Vgl. *Prölß*, E.: VVG, Kurz-Kommentar, a. a. O., Anm. 6 zu § 13 VVG; *Hagen*, O.: Versicherungsrecht. In: Ehrenberg, V.: Handbuch des gesamten Handelsrechts, a. a. O., S. 459 ff.

[26] Die Kündigung ist, obwohl sie in die Willkür des Versicherungsnehmers gestellt ist, eine echte Bedingung, und zwar eine sogenannte Potestativ-Bedingung (vgl. dazu: *Palandt-Danckelmann*: Kurz-Kommentar zum BGB, a. a. O., Anm. 2 der Vorbem. zu § 158 BGB.

[27] *Eichler*, H.: Institutionen des Sachenrechts, 2. Bd., 1. Halbband, Berlin 1957, S. 120; Vgl. auch *Staudinger-Coing*: BGB, 11. Aufl., Berlin 1957, 1. Bd., Randnummer 21 der Vorbem. zu § 158 BGB; *Staudinger-Ostler*: BGB, a. a. O., Anm. 43 zu § 455 BGB; *Enneccerus-Nipperdey*: Allgemeiner Teil des Bürgerlichen Rechts, 15. Aufl., Tübingen 1959, § 82 II, 4 und § 197 II, 4.

in Aussicht stehende Vollrecht einzuordnen wäre[28]. Der unbedingte und fällige Anspruch auf Auszahlung des Deckungskapitals stellt einen schuldrechtlichen Anspruch auf Zahlung einer bestimmten Geldsumme dar. Die Anwartschaft auf das Deckungskapital ist somit ein relatives Recht[29].

IV. Andere Grundlagen zur Berechnung der Rückvergütung

In den Vorschriften des § 176 VVG wird die Ausübung des Rückkaufes ausdrücklich als Anspruch auf die Prämienreserve, also auf das durchschnittliche Deckungskapital, bezeichnet. Dabei hat man aber andere Berechnungsmethoden nicht völlig ausgeschlossen, denn § 178 Abs. 2 VVG bestimmt, daß in den Versicherungsbedingungen mit Genehmigung der Aufsichtsbehörde eine andere als die in § 176 VVG angeordnete Berechnungsmethode des zu erstattenden Betrages vorgesehen werden kann. Die Begründung bemerkt dazu, die Rechnungsmethode, die der Entwurf für die Feststellung des beim Rückkauf der Versicherung zu gewährenden Betrages vorsieht, sei nicht die einzige, die zu einem für die Beteiligten annehmbaren Resultat führe. Im Hinblick auf die unterschiedlichen inneren Verhältnisse der einzelnen Versicherungsgesellschaften, müssen Abweichungen von der Regel des Entwurfes unter bestimmten Voraussetzungen zugelassen werden[30].

V. Die Bemessung der Rückvergütung

1. Das positive Deckungskapital

Ein Rückvergütungsanspruch des Versicherungsnehmers am Deckungskapital besteht nur, wenn dieses einen positiven Wert aufweist. Hier ergaben sich oftmals Meinungsverschiedenheiten mit den Versicherungsnehmern. Diese beriefen sich auf die ALVB, wonach ihnen das zurückgestellte Deckungskapital zusteht. Daß in den ersten Jahren ein solches meist überhaupt noch nicht vorhanden ist, konnten sie nicht verstehen. Das Reichsaufsichtsamt hat deshalb angeregt[1], die Versicherungsgesellschaften sollten ihre ALVB in der Weise ändern, daß jeder

---

[28] *Staudinger-Coing:* BGB, a. a. O., Randnummer 21 der Vorbem. zu § 158 BGB.

[29] Begrifflich nicht ganz klar ist Nöbel, wenn er schreibt, der Versicherungsnehmer habe solange der Versicherungsvertrag läuft, nur eine Anwartschaft auf das Deckungskapital, keinen Anspruch. In Wirklichkeit besteht bereits ein bedingter und befristeter Anspruch, dem die Anwartschaft auf die Auszahlung des Deckungskapitals entspricht (*Nöbel*, H.: Das Deckungskapital in der Lebensversicherung, a. a. O., S. 107.

[30] *Manes-Hagen:* Kommentar zum deutschen Reichsgesetz über den Versicherungsvertrag, Berlin 1908, Anm. zu § 178 VVG.

[1] VerAfP 1927, S. 114.

Versicherungsnehmer ohne Schwierigkeiten erkennen kann, ob ein positives Deckungskapital vorhanden ist. Dieser Forderung ist heute allgemein dadurch Rechnung getragen, daß sich eine Tabelle der Rückvergütungswerte als Anlage bei den ALVB oder beim Versicherungsschein befindet. Ist das Deckungskapital negativ oder Null, so erhält der Versicherungsnehmer bei Kündigung keine Rückvergütung. Da aber eine Kündigung auch in diesen Fällen jederzeit möglich ist, versucht der Versicherer bei Versicherungen, wo das Deckungskapital in den ersten Jahren wegen der noch nicht getilgten Abschlußkosten negativ sein könnte, durch Begrenzung der Abschlußprovision bzw. deren Verteilung auf zwei Jahre finanzielle Nachteile zu vermeiden[2].

Unter dem Gesichtspunkt, den Versicherer vor materiellen Verlusten zu schützen, ist auch die Vorschrift des § 173 VVG zu verstehen, die bestimmt, daß bei einer rückkaufsfähigen Versicherung die Prämien für mindestens drei Jahre bezahlt sein müssen. Es genügt also nicht, wenn die Zahlungsverpflichtung zwar durch Urteil festgestellt, die Zahlung aber nicht erfolgt ist[3]. Auch eine Stundung genügt nicht. Dagegen ist die Zahlung durch ein Police-Darlehen möglich.

Für Lebensversicherungen mit langer Laufzeit ist die Dreijahresfrist angemessen. Für Laufzeiten unter 30 Jahren ist die Angemessenheit dieser Frist jedoch vom Reichsaufsichtsamt verneint worden. Da bei diesen Versicherungen das Deckungskapital bereits in den ersten Jahren nennenswerte Beträge erreicht, hat das Reichsaufsichtsamt darauf hingewirkt, daß die Rückkaufsmöglichkeit bereits nach Ablauf von $1/_{10}$ der Beitragszahlungsdauer, spätestens aber nach drei Jahren, eingeräumt wird[4].

2. Der Anspruch des Versicherungsnehmers auf das rechnungsmäßige Deckungskapital

Die Frage, ob die Erstattungsansprüche des Versicherungsnehmers auf das rechnungsmäßige oder das tatsächliche Deckungskapital gerichtet sind, war nach dem ersten Weltkrieg im Zusammenhang mit den sogenannten Valuta- oder Fremdwährungsversicherungen stark umstritten[5]. Zunächst hat das Landgericht Stettin in seiner Entscheidung vom 7. 4.

---

[2] Vgl. *Nöbel*, H.: Das Deckungskapital in der Lebensversicherung, a. a. O., S. 53 f.

[3] KG VerAfP 1929, S. 216, Nr. 1870 = JR 1928, S. 138.

[4] VerAfP 1936, S. 59.

[5] Nach dem Zweiten Weltkrieg trat das Problem der Auszahlung des Rückkaufswertes in fremder Währung deshalb nicht mehr zutage, weil durch das Gesetz über die Umwandlung inländischer Fremdversicherungen vom 26. August 1938 (RGBl. I, S. 1062) sämtliche auf ausländische Währung lautenden inländischen Lebensversicherungen in Reichsmarkversicherungen umgewandelt worden waren (vgl. hierzu: VerAfP 1939, S. 173 ff.).

1922[6] einfach angenommen, daß die Versicherung zum Normalkurs der Vorkriegszeit abgeschlossen worden und die Erfüllung zum Kurs im Zeitpunkt der Klageerhebung eine Unmöglichkeit für den Versicherer sei.

Das Oberlandesgericht Stettin[7] hat auf die Berufung der Klägerin gegen vorstehendes Urteil die Ansicht vertreten, daß Versicherungsnehmer sich bei Fremdwährungsversicherungen, die sie bei deutschen Gesellschaften abgeschlossen haben, so behandeln lassen müssen, als ob sie die für das Deckungskapital verwendeten Prämienanteile nicht in der ausländischen Währung, sondern in Mark nach dem jeweiligen Kurs der betreffenden Währung entrichtet hätten. Die in der Sache liegende Bezugnahme auf die Markwährung steht einer Bezugnahme expressis verbis gleich. Die fremde Währung stellt also nur einen Umrechnungsfaktor dar, so daß es sich nicht mehr um eine in ausländischer Währung ausgedrückte Geldschuld im Sinne des § 244 BGB handelt.

Ebenfalls um die Auszahlung des Rückkaufswertes handelte es sich in einem Rechtsstreit, der in erster Instanz beim Landgericht I Berlin, 6. Zivilkammer anhängig war. Die Entscheidung des Landgerichts, daß die Versicherungsgesellschaft den Rückkaufswert einer auf belgische Franken lautenden Versicherung auch in belgischen Franken zu zahlen habe, hob das Kammergericht[8] auf, und verurteilte die Beklagte nur zur Zahlung des Markbetrages, der dem in Franken ausgedrückten Betrag, umgerechnet in Mark zum Vorkriegskurs, entsprach. Zur Begründung hat das Kammergericht ausgeführt, daß der Versicherungsnehmer sich bei Vertragsschluß stillschweigend den deutschen gesetzlichen Bestimmungen unterworfen habe, wonach der Anspruch auf Zahlung der Versicherungssumme und derjenige auf Zahlung des Rückkaufswertes ganz verschiedenen Inhalt hätten. „Der Anspruch auf Zahlung der Versicherungssumme ist die gewollte Leistung aus dem Vertrage, die Gegenleistung für die Leistungen des Versicherungsnehmers, seine Prämienzahlungen. Der Rückkaufswert ist dagegen der Wert, der aus den Prämien, soweit sie nicht verbraucht sind, für den Versicherungsnehmer gespart und nach bestimmten Grundsätzen der Prämienreserve zugeführt ist. Er wird gewährt, wenn feststeht, daß die Leistung aus dem Vertrag nicht bewirkt wird. Deshalb folgt aus dem Umstande, daß die Versicherungssumme eine Frankenschuld ist, noch nicht, daß auch der Rückkaufswert in Franken zu zahlen ist ... Entscheidend ist vielmehr, daß als Inhalt des Rückkaufsrechts bestimmt ist „Rückgewähr von 90 v. H. der Prämienreserve".

---

[6] LG Stettin VerAfP 1924, S. 23 ff.
[7] OLG Stettin VerAfP 1924, S. 26 ff. Mit diesem Urteil hat das OLG Stettin seine bereits in einem früheren Urteil (VerAfP 1922, S. 12) vertretene Auffassung erneut bestätigt.
[8] KG VerAfP 1923, S. 39 ff.

Hiermit ist mit aller Deutlichkeit gesagt, daß das zurückzugewähren ist, was als Ersparnis aus den Prämienzahlungen für den Kläger aufgespeichert ist, was bestimmungsgemäß als seine Prämienreserve errechnet und dementsprechend in Werten dem Prämienreservefonds zugeführt ist. Es kommt daher darauf an, in welcher Weise die Ersparnisse ermittelt sind und in welcher Währung ihre Berechnung und Anlegung in der Prämienreserve erfolgt ist. Ist dies in Markwährung geschehen ist, so ist die Verpflichtung zur Rückgewähr von 90 v. H. der Prämienreserve eine Markschuld; ist es in Frankenwährung geschehen, so handelt es sich um eine Frankenschuld."

Die Rechtslehre versuchte zunächst diesen Standpunkt zu rechtfertigen. So ging Gruner[9] zwar davon aus, daß der Anspruch auf die Versicherungssumme aus einem auf ausländische Währung lautenden Lebensversicherungsvertrag als echte Fremdwährungsschuld anzusehen sei. Da aber die Vorschriften des VAG die Berechnung des Rückkaufswertes in Markwährung vorschreiben und nach § 176 VVG die dem Prämienreservefonds zuzuführenden Prämienrücklagen das Höchstmaß des Rückkaufswertes bilden, entfällt nach seiner Meinung auch auf den Rückkaufswert einer Fremdwährungsversicherung nur der in deutsche Mark ausgedrückte geschäftsplanmäßige Anteil an dem Prämienreservefonds.

Nußbaum[10] kommt nach eingehender Darlegung über die geschichtliche Entwicklung des Anspruchs des Versicherungsnehmers auf den Rückkaufswert und die bisher in Theorie und Praxis vertretenen Ansichten zu dem Ergebnis, daß die Einführung der Rückkaufsbestimmungen nicht im Wesen des Lebensversicherungsvertrages begründet sei. Die gesetzliche Bestimmung über den Prämienrückkauf ist nur als Anspruch auf Herausgabe der Bereicherung des Versicherers aufzufassen und geht daher auch nur auf Zahlung in Mark als der Währung, in der die Prämienreserve angelegt ist.

Die dargelegten Standpunkte wurden zunächst von Bundesrichter Dr. Jäger, Lausanne[11] mit Entschiedenheit zurückgewiesen. Er hat sehr richtig erkannt, daß der Anspruch auf den Rückkaufswert nichts anderes ist, als der verkürzte Anspruch auf die Versicherungssumme. Beide sind daher in derselben Währung auszuzahlen. Der Inhalt des Versicherungs-

---

[9] *Gruner*, E.: Besprechung der Urteile des LG Stettin vom 7. 4. 1922 und des OLG Stettin vom 9. 7. 1923. In: LZ 1922, S. 105.

[10] *Nußbaum*, A.: JW 1923, S. 569 ff.

[11] *Jäger*: Lausanne in zwei Aufsätzen der „Schweizerischen Juristenzeitung" vom 1. Mai 1922 (S. 333 ff.) und 15. Juli 1922 (S. 24). In: ZVersWiss., 24. Bd., Berlin 1924, S. 45.

vertrages geht aber nach dem Willen der Parteien zweifelsfrei auf Auszahlung der Versicherungssumme in der vereinbarten Fremdwährung.

Auch Kisch und Jäger sind in zwei unveröffentlichten Gutachten[12], die
sie im Mai beziehungsweise Juni 1922 für die Viktoria Versicherung er-
stellt haben, zu dem gleichen Ergebnis gekommen. Sie stellen mit aus-
führlicher Begründung übereinstimmend fest, daß der auch durch das
VAG und VVG nicht behinderte freie Wille der Vertragsparteien bei
Abschluß von Fremdwährungsversicherungen zweifellos dahin gegan-
gen sei, tatsächlich eine Valutaschuld auf beiden Seiten zu schaffen.
Dafür sprechen auch der Wortlaut der Versicherungsurkunden, in denen
die Benennung der Versicherungssumme in fremder Währung nicht nur
einen reinen Umrechnungsfaktor darstellt, sowie die Umstände des Vertragsabschlusses und die Verkehrssitte im In- und Ausland, wonach die
Erfüllung derartiger Versicherungsverträge stets in der Währung erfolgte, in der sie urkundlich abgeschlossen waren. Den Gedanken, daß
derartige Verträge gegen das VAG verstießen, halten beide Gutachten
für ausgeschlossen. Die Pflicht, den Prämienreservefonds in bestimmten
deutschen Werten anzulegen, ist eine interne öffentlich-rechtliche Pflicht
der Gesellschaften und hat auf die Schulden aus ihren Verträgen keinerlei Einfluß.

Diesen Standpunkt vertritt auch das deutsche Reichsgericht im Urteil
vom 6. Juli 1923[13]. In seiner Begründung führt es zutreffend aus, daß
die Vorschriften über die Berechnung und Belegung des Deckungskapitals zum Schutz der Versicherungsnehmer erlassen wurden und sich deshalb nicht zu ihrem Nachteil auswirken dürfen. Zwar kann der Versicherer dem Prämienreservefonds nur soviel entnehmen, als beim Rückkauf frei wird; wenn aber dieser Betrag zur Erfüllung des Rückkaufs-
anspruchs nicht ausreicht, so ist zur Befriedung der Versicherungsnehmer das freie Vermögen des Versicherers heranzuziehen. Diesem Umstand ist bei Fremdwährungsversicherungen durch die Pflicht zur kon-
gruenten Anlage des Deckungsstocks Rechnung getragen (§ 68 Abs. 1
Ziff. 7 VAG).

Der dem Versicherungsnehmer nach § 176 VVG zustehende Anspruch
auf Erstattung des Deckungskapitals geht also auf das rechnungsmäßige
Deckungskapital. Dabei spielt es keine Rolle, ob das Deckungskapital-
Soll und das Deckungskapital-Ist übereinstimmen. Wenn der Versicherer seiner Verpflichtung zur Anlage des Soll-Betrages nicht nachge-
kommen ist, oder wenn der Ist-Betrag aus anderen Gründen zur Deckung
des Solls nicht ausreicht, so wird dadurch der privatrechtliche Anspruch

---

12 Zitiert bei *Kersting:* Das Valutaproblem in der deutschen Lebensversicherung. In: ZVersWiss., 24. Bd., Berlin 1924, S. 47, wobei dieser darauf hin-
weist, daß er denselben Standpunkt bereits 1922 in dieser Zeitschrift (S. 367
unter XIV) vertreten habe.
13 RG VerAfP 1923, S. 42 ff.

des Versicherungsnehmers nicht berührt und ist hinsichtlich des un-
gedeckten Teiles aus dem übrigen Vermögen zu begleichen[14].

3. Der Abzug am Deckungskapital beim Rückkauf

a) Gesetzliche Grundlage

aa) Höhe des Abzuges

§ 176 Abs. 4 VVG bestimmt, daß der Versicherer bei Erstattung des
rechnungsmäßigen Deckungskapitals zu einem angemessenen Abzug berechtigt ist[15]. Um in dieser Beziehung eine klare Rechtslage zu schaffen,
stellt der Gesetzgeber die unwiderlegbare Rechtsvermutung auf, daß,
soweit „für den Abzug mit Genehmigung der Aufsichtsbehörde in den
Versicherungsbedingungen ein bestimmter Betrag festgesetzt ist", dieser
„als angemessen gilt" (§ 176 Abs. 4 S. 2 VVG). Der Gesetzgeber geht
dabei von der Überlegung aus, daß bei der Genehmigung durch die Aufsichtsbehörde die vorliegenden Verhältnisse eingehend geprüft und die
Interessen der Versicherungsnehmer genügend gewahrt sind. Deshalb
läßt er von Seiten des Versicherungsnehmers keinerlei Einwendungen
gegen die Höhe des Abzuges gelten[16].

bb) Rechnungsgrundlagen für den Abzug

Hinsichtlich des Abzuges vom Deckungskapital läßt das Versicherungsaufsichtsamt verschiedene Rechnungsgrundlagen zu. So kann z. B. das
geschäftsplanmäßige Deckungskapital um einen bestimmten, festen Prozentsatz der Versicherungssumme gekürzt werden. Diesen Weg wollte
ursprünglich der Gesetzgeber beschreiten und den Versicherer zu einem
Abzug von 3 % der Versicherungssumme berechtigen. Er nahm aber
davon Abstand, da diese Bestimmung zu starr gewesen wäre und deshalb
nicht allen in der Praxis ausgebildeten individuellen Verhältnissen
Rechnung getragen hätte.

Der Abzug kann aber auch nach einem festen oder veränderlichen
Prozentsatz vom Deckungskapital selbst erfolgen. Dabei dürfen nach den
Normativbedingungen von 1931[17] höchstens 5 % des auf den Ablauf der
Kündigungsfrist errechneten geschäftsplanmäßigen Deckungskapitals

---

[14] Vgl. *Bosshart*, A.: Rückkauf und Umwandlung einer Lebensversicherung,
a. a. O., S. 90; *Nöbel*, H.: Das Deckungskapital in der Lebensversicherung,
a. a. O., S. 72.
[15] Vgl. OLG Hamburg NJW/RzW 1952, S. 23.
[16] Vgl. hierzu auch *Bronisch*, O.: Urteilsanmerkung. In: VersR 2. Jahrgang,
Karlsruhe 1951, S. 42, der eine diesbezügliche Entscheidung des Amtsgerichts
Heide vom 25. 10. 1950 — 4 C 696/50 — in allen Punkten billigt.
[17] VerAfP 1932, S. 117.

von dem Versicherer abgezogen werden. Da es sich nicht immer als zweckmäßig erwies, wenn in den AVB der Rückkaufswert in einem gewissen Hundertsatz des Deckungskapitals ausgedrückt wird, hat das Reichsaufsichtsamt aus gegebenem Anlaß mehrfach vorgeschlagen, in den AVB eine Rahmenbestimmung aufzunehmen, wonach die Rückvergütung nach versicherungstechnischen Grundsätzen berechnet wird, die der Aufsichtsbehörde gegenüber festgelegt sind und ohne deren Zustimmung nicht geändert werden können. Diese elastische Klausel hat weitgehend Eingang in die AVB gefunden[18].

Heute wird von den in der Bundesrepublik Deutschland und in Westberlin arbeitenden Lebensversicherungsgesellschaften überwiegend ein fester prozentualer Abzug vom Deckungskapital bevorzugt, wie uns die nachfolgende Tabelle veranschaulicht. Im allgemeinen hat der Wettbewerb unter den Versicherern zu einer Erhöhung der Rückkaufswerte geführt, und so gewähren heute schon einzelne Lebensversicherungsgesellschaften, soweit sie die Abschlußkosten planmäßig verrechnen, das volle rechnungsmäßige Deckungskapital als Rückvergütung[19].

b) Kritische Würdigung der Rechtfertigungsgründe für den Abzug

Obwohl der Gesetzgeber in § 176 Abs. 4 S. 1 VVG ausdrücklich betont, daß der Versicherer beim Prämienrückkauf „zu einem angemessenen Abzug berechtigt ist", erstatten, wie die nachstehende Tabelle veranschaulicht, heute schon verschiedene Versicherungsgesellschaften das volle Deckungskapital als Rückkaufswert. Gerade diese Tatsache läßt es angebracht erscheinen, die für einen Abzug angeführten Rechtfertigungsgründe einer eingehenden Würdigung zu unterziehen. Ist nämlich ein Abzug am Deckungskapital gerechtfertigt, so geht dieser bei Erstattung des vollen Deckungskapitals zu Lasten der vertragstreuen Versicherungsnehmer; umgekehrt werden die ausscheidenden Versicherungsnehmer geschädigt, wenn ein Abzug, trotz der bestehenden gesetzlichen Bestimmung, nicht zu rechtfertigen ist.

aa) Verhinderung des Überhandnehmens vorzeitiger Vertragsauflösungen

Zunächst wurde von Goldschmidt[20] die Ansicht vertreten, der Abzug am Deckungskapital, zu dessen Vornahme der Versicherer beim Rückkauf berechtigt ist, verfolge hauptsächlich den Zweck, den Abgang der Versicherungsnehmer zu erschweren, und trage vorwiegend prohibitiven

---

[18] VerAfP 1936, S. 56.

[19] Vgl. Nöbel, H.: Das Deckungskapital in der Lebensversicherung, a. a. O., S. 48.

[20] Goldschmidt: Veröffentlichungen des Deutschen Vereins für Versicherungswissenschaft, 1. Jahrgang, Berlin 1903, S. 85.

Die Rückvergütung nach den Allgemeinen Lebensversicherungsbedingungen bei den in der Bundesrepublik Deutschland und in Westberlin arbeitenden Lebensversicherungsgesellschaften [a)]

Versicherer	Voraussetzungen		Abzug vom rechnungsmäßigen Deckungskapital	
	Mindestprämienentricht. in Jahren	Mindestprämienzahlungsd. in Prozent	in Prozent des Deckungskapitals	auf sonstiger Grundlage
Aachener u. Münchener Lebensversicherungs-AG	3	10	—	1 % der Risikosumme
Agripina Lebensversicherungs-AG	2	10	5	—
Albingia Lebensversicherungs-AG	3	10	5	—
Allgemeine Assekuranz Triest	3	10	10 fallend nach 3. Vers.-Jahr jährl. um 1/2 % bis zu 2 %	—
Allgemeine Rentenanstalt Lebens- u. Rentenversicherungs-AG	3	10	5	—
Allianz Lebensversicherungs-AG	2	10	10 fallend nach 3. Vers.-Jahr jährl. um 1/2 % bis zu 2 %	—
Alte Leipziger Lebensversicherungsgesellschaft a. G.	1	—	0	—
Alte Volksfürsorge Lebensversicherungs-AG	1	—	0	—
Basler Lebensversicherungs-Gesellschaft ...	3	10	0	—
Bayerische Beamtenversicherungsanstalt Allg. Lebensversicherungsverein a. G.	3	10	5	—
Berlinische Lebensversicherungs-AG	3	10	—	3,5—4 % der VSe.
Bonner Lebensversicherung Aktiengesellschaft	3	10	5	—

a) Daten entnommen aus: Kahlo Ernst, Lebensversicherungsbedingungen und Prämien 1963, Berlin 1963.

Versicherer	Voraussetzungen		Abzug vom rechnungs-mäßigen Deckungskapital	
	Mindest-prämien-entricht. in Jahren	Mindest-prämien-zah-lungsd. in Prozent	in Prozent des Deckungs-kapitals	auf sonstiger Grund-lage
Braunschweigische Lebensversicherungs-AG.	3	10	10 fallend nach 3. Vers.-Jahr jährl. um $^1/_2$ % bis zu 3 %	—
Concordia Lebensversicherungs-AG.	3	10	5	—
Condor Lebensversicherungs-AG.	3	10	5	—
Cosmos Lebensversicherungs-AG.	3	10	5 fallend nach 3. Vers.-Jahr jährl. um $^1/_2$ %	—
Debeka Sterbegeld- u. Lebensversicherungs-verein a. G.	3	10	5	—
Der Anker Allgemeine Ver-sicherungs-AG	3	10	10 fallend nach 3. Vers.-Jahr jährl. um 1 % bis zu 0 %	—
Deutsche Beamten-Vers. Öffentlichrechtliche Lebens- u. Renten-Versicherungsanstalt .	2	0	5	—
Deutsche Eisenbahn-Versicherungskasse Lebensversicherungs-verein a. G.	3	10	10 fallend nach 3. Vers.-Jahr jährl. um 1 % bis zu 3 %	—
Deutscher Herold Volks- u. Lebensver-sicherungs-AG.	3	10	0	—

Versicherer	Voraussetzungen		Abzug vom rechnungs-mäßigen Deckungskapital	
	Mindest-prämien-entricht. in Jahren	Mindest-prämien-zah-lungsd. in Prozent	in Prozent des Deckungs-kapitals	auf sonstiger Grund-lage
Deutscher Lloyd Lebensversicherungs-AG.	3	10	10 fallend nach 3. Vers.-Jahr jährl. um $1/2\,\%$ bis zu $2\,\%$	—
Deutscher Ring Lebensversicherungs-AG.	2	10	5	—
Eos Volks- und Lebens-versicherungs-AG. ...	3	10	5	bei Tarif 1 S: $1\,\%$ des Un-terschiedes zwischen VSe u. DK. Abzug höch-stens $10\,\%$ des DK
Evangelische Familien-fürsorge Lebensver-sicherung a. G..	3	10	5	—
Flamma Volks- und Lebensver-sicherungsges. a. G. ...	3	10	5 fallend nach 3. Vers.-Jahr jährl. um $1/2\,\%$ bis zu $2\,\%$	—
Friedrich Wilhelm Lebensversicherungs-AG.	3	10	5	—
Gerling-Konzern Lebensversicherungs-AG.	2	10	5	--
Gilde Deutsche Versiche-rungs-AG.	3	—	5 fallend nach 3. Vers.-Jahr jährl. um $1/2\,\%$ bis zu $2\,\%$	—
Gisela Allgemeine Lebens- u. Aussteuer-Versicherungs-Aktiengesellschaft	3	10	5 bis 0	—

Versicherer	Voraussetzungen		Abzug vom rechnungs- mäßigen Deckungskapital	
	Mindest- prämien- entricht. in Jahren	Mindest- prämien- zah- lungsd. in Prozent	in Prozent des Deckungs- kapitals	auf sonstiger Grund- lage
Gladbacher Lebensver- sicherungs AG.	3	10	5	—
Gothaer Lebensversicherung a. G.	1	—	0	—
Hallsche Lebensversicherung a. G.	3	10	5	—
Hamburg-Mannheimer Versicherungs-AG	3	10	10 fallend nach 3. Vers.-Jahr jährl. um 1 % bis zu 0 %	—
Hamburg-Mannheimer Versicherungs-AG .... Sonderabteilung: Deutsche Anwalt- und Notarversicherung ...	2	10	5 bis 1	—
Hannoversche Lebens- versicherung a. G.	1	—	—	$^1/_2$ % der VSe vom unge- zillmerten DK während der ersten 10 Jahre
Ideal Lebensversicherung a. G.	3	10	5	—
Isar Lebensversicherungs- AG	3	10	10 fallend nach 3. Vers.-Jahr jährl. um $^1/_2$ % bis zu 2 %	—
Karlsruher Lebensversicherungs- AG	3	10	5	—
Kölner Postversicherung Versicherungsverein a. G.	3	10	5	—
Kölnische Lebensversicherung a. G.	3	10	5	—

Versicherer	Voraussetzungen		Abzug vom rechnungs-mäßigen Deckungskapital	
	Mindest-prämien-entricht. in Jahren	Mindest-prämien-zah-lungsd. in Prozent	in Prozent des Deckungs-kapitals	auf sonstiger Grund-lage
La Nationale Lebensversicherungs-AG, Paris	3	10	8 fallend nach 3. Vers.-Jahr jährl. um 1 % bis zu 2 %	—
Lebensversicherung Merkur Nürnberg Versicherungsverein a. G.	3	10	5	—
Leipziger Verein — Barmenia a. G.	3	10	10 fallend nach 3. Vers.-Jahr jährl. um 1/2 % bis zu 2 %	—
Magdeburger Allgemeine Lebens- u- Rentenver-sicherungs-AG.	3	10	—	1 1/2 % der Ge-fahrsumme (VSe abzügl. DK) Abzug höchstens 5 % des DK
Mannheimer Lebensversicherungs-Gesellschaft AG.	3	10	5	—
Münchner Begräbnis-verein Versicherungsverein a. G.	2	10	5	—
Münchner Lebensver-sicherungsanstalt AG .	3	10	10 fallend nach 3. Vers.-Jahr jährl. um 1/2 % bis zu 2 %	—
Münchner Verein Lebens- u. Altersver-sicherungsanstalt a. G.	2	10	—	10 ‰ des Un-terschiedes zwischen VSe und DK
National Lebensversicherungs-AG.	3	—	5	—

| Versicherer | Voraussetzungen | | Abzug vom rechnungs-mäßigen Deckungskapital | |
	Mindest-prämien-entricht. in Jahren	Mindest-prämien-zah-lungsd. in Prozent	in Prozent des Deckungs-kapitals	auf sonstiger Grund-lage
Nord-Deutsche Lebensversicherungs-AG.	3	10	—	3/4 % der VSe während der ersten 10 Jahre
Nordstern Lebensversicherungs-AG.	3	10	10 fallend nach 3. Vers.-Jahr jährl. um 1 % bis zu 2 %	—
Nürnberger Lebensversicherungs-AG.	2	—	0	—
Pensionsverein Deutscher Pensionszuschuß- u. Lebensversicherungs-verein a. G.	3	10	5	—
Prima Lebensversicherungs-verein a. G.	3	10	5	—
Raiffeisen- u. Volks-banken-Versicherung Lebensversicherungs-gesellschaft a. G.	1	—	0	—
Rheinisch Westfälische Lebensversicherung a. G.	3	10	5	—
Rhenania Lebensversicherungs-AG.	3	10	5	—
Schweizerische Lebens-versicherungs- u. Ren-tenanstalt, Zürich	3	10	—	4 % des Un-terschiedes zwischen VSe u. DK. Abzug höchstens 1/3 des DK
Sparkassen-Versicherung Aktiengesellschaft	1	—	0	—
Universa Lebensversicherungs-anstalt a. G.	3	—	5	—

Versicherer	Voraussetzungen		Abzug vom rechnungsmäßigen Deckungskapital	
	Mindestprämienentricht. in Jahren	Mindestprämienzahlungsd. in Prozent	in Prozent des Deckungskapitals	auf sonstiger Grundlage
Vereinigte Lebensversicherungsanstalt a. G.	1	—	—	1 % des Unterschiedes zwischen VSe u. DK
Victoria Lebensversicherungs-AG	3	(Rückkaufswert muß mindestens 10‰ der VSe betragen)	10 fallend für je 100 ‰ des gezillmerten DK um 1 % bis zu 2 %	—
Vita Lebensversicherungs-AG, Zürich	3	10	—	1 % der VSe (bei weniger als 3 Jahren Bestandsdauer: Abzug 2 %)
VOHK Lebensversicherungsanstalt ostdeutscher Handwerkskammern V. a. G.	3	10	10 fallend nach 3. Vers.-Jahr jährl. um 1/2 % bis zu 2 %	—
Volkshilfe Lebensversicherungs-AG	3	10	5	—
Volkswohl-Bund Lebensversicherung a. G.	3	10	5	—
Vorsorge Lebensversicherungs-AG.	3	10	—	10 ‰ der VSe. Abzug höchstens 10 % des DK
Winterthur Lebensversicherungsgesellschaft	3	10	0	—

Versicherer	Voraussetzungen		Abzug vom rechnungsmäßigen Deckungskapital	
	Mindestprämienentricht. in Jahren	Mindestprämienzahlungsd. in Prozent	in Prozent des Deckungskapitals	auf sonstiger Grundlage
Witwen- und Waisenkasse Allgemeine Lebensversicherungsanstalt a. G.	3	10	10 fallend nach 3. Vers.-Jahr jährl. um 1 % bis zu 0 %	—
Württembergischer Versicherungsverein a. G.	3	10	—	1,5 % der VSe. Abzug höchstens 5 % des DK
Zenith Volks- und Lebensversicherung AG.	3	10	10 fallend nach 3. Vers.-Jahr jährl. um 1/2 % bis zu 2 %	—
Öffentlich-rechtliche Lebensversicherungsanstalten[b).	1	—	0	—

b) Hierzu gehören: 1. Baden, 2. Bayern, 3. Berlin, 4. Braunschweig, 5. Hannover, 6. Hessen-Nassau, 7. Oldenburg, 8. Rheinprovinz, 9. Saarland, 10. Schleswig-Holstein, 11. Westfalen

Charakter. Die ausscheidenden Versicherungsnehmer dürften keinesfalls mehr erhalten, als ihnen gebührt, denn jedes Entgegenkommen bei einer vorzeitigen Vertragsauflösung hätte ein Überhandnehmen derselben zur Folge. Dadurch könnte aber der Bestand der Gesellschaft überhaupt in Frage gestellt sein. Man solle also den Versicherungsnehmer „durch Einbuße eines angemessenen Prozentsatzes seiner Prämienreserve von einer grundlosen Ausübung des Rücktrittsrechtes abschrekken"[21].

___

[21] *Ehrenberg*, V.: In: Iherings Jahrbuch der Dogmatik des bürgerlichen Rechts, 41. Bd., Jena 1901, S. 349.

Diese Auffassung läßt sich unseres Erachtens nur rechtfertigen, wenn man die Kündigung eines Lebensversicherungsvertrages als eine außergewöhnliche Beendigung desselben betrachtet. Wir sind dieser Ansicht bereits früher entgegengetreten und haben betont, daß die jederzeitige Austrittsmöglichkeit im innersten Wesen des Lebensversicherungsvertrages begründet liegt. Aus diesem Grunde verbietet sich auch eine Erschwerung bei der vorzeitigen Auflösung, was ein entsprechender Abzug am Deckungskapital bedeuten würde.

bb) Schutz des vertragstreuen Versicherers

Wenn der Versicherungsnehmer von dem ihm zustehenden Kündigungsrecht Gebrauch macht, löst er einseitig den Vertrag auf, welchen der Versicherer fortzusetzen verpflichtet und auch bereit gewesen wäre. Der Grund zur Kündigung liegt also nicht etwa in einem schuldhaften Verhalten des Versicherers, sondern in der freien Willensgestaltung des Versicherungsnehmers. Daher muß der Abfindungswert gerechterweise so bemessen werden, daß der Versicherer und die vertragstreuen Versicherungsnehmer keinen Schaden erleiden. In der Literatur[22] wird deshalb auch überwiegend die Meinung vertreten, daß ein bestimmter Abzug vom Deckungskapital zum Schutz des vertragstreuen Versicherers notwendig sei. Bosshart[23] begründet diesen Abzug damit, daß eine starke Verminderung des Versicherungsbestandes die Stabilität einer Versicherungsanstalt stört, weil die Rechnungsgrundlagen des Versicherungsbetriebes, welche auf dem Gesetz der großen Zahl beruhen, erschüttert werden. Das Gesellschaftsmoment, das durch das Erfordernis einer genügend großen Gefahr- und Beitragsgemeinschaft in jeden Versicherungsvertrag hineingetragen wird, rechtfertigt daher nach seiner Meinung einen Abzug am Deckungskapital des Versicherungsnehmers, der sich vorzeitig vom Vertrag lossagt.

Demgegenüber müssen wir betonen, daß dem Rückkaufsrecht doch die Möglichkeit der Aufnahme neuer Mitglieder gegenübersteht. Ergibt sich aber trotz des Neuzuganges eine Verminderung des Versicherungsbestandes, so zählt diese zum Risiko des Versicherers, denn sie hätte ohne

---

[22] *Koenig*, H.: Die vermögenswerten Rechte aus dem Lebensversicherungsvertrag, a. a. O., S. 455; *Ehrenberg*, V.: In: Iherings Jahrbuch der Dogmatik des bürgerlichen Rechts, a. a. O., S. 348; *Moldenhauer*, P.: Die rechtliche Natur des Rückkaufs und die Beleihung der Police in der Lebensversicherung auf den Todesfall. In: Ehrenzweigs Assekuranz-Jahrbuch, 24. Bd., Wien 1903, S. 58; *Roelli:* Kommentar zum Bundesgesetz über den Versicherungsvertrag vom 2. April 1908, Bern 1914, S. 166; *Jost:* Veröffentlichungen des Deutschen Vereins für Versicherungswissenschaft, 1. Jahrgang, Berlin 1903, S. 90.
[23] *Bosshart*, A.: Rückkauf und Umwandlung einer Lebensversicherung, a. a. O., S. 94.

6*

das Institut des Rückkaufes ebenso eintreten können. Durch die Rückkaufsmöglichkeit wird zwar das Geschäftsrisiko vergrößert, aber dies
rechtfertigt für den Versicherer noch keinen Abzug am Deckungskapital,
denn durch das Ausscheiden des einzelnen entsteht noch nicht die Gefahr des Versagens der Rechnungsgrundlagen. Diese Tatsache hat auch
die bisherige Praxis bewiesen, wonach der Versichertenbestand bei den
leistungsfähigen Gesellschaften in stetem Wachsen begriffen ist.

Bezüglich der Befürchtungen, die in der Literatur[24] für den Fall der
Häufung von Rückkaufsbegehren ausgesprochen wurden, verweisen
wir auf die Schutzvorschrift des § 69 Abs. 1 VAG und die hierüber im
1. Kapitel gemachten Ausführungen.

cc) Ausgleich ungedeckter Verwaltungskosten

Bei den Verwaltungskosten ist zwischen den einmaligen Abschlußkosten und den laufenden Betriebskosten zu unterscheiden. Während
die letzteren vom Versicherungsnehmer mit jeder Prämie bezahlt werden, so daß bei Vertragsauflösung die bisherigen Kosten beglichen sind
und zukünftige entfallen, kommt es bei den Abschlußkosten auf die Art
der Prämienermittlung an.

Bei Anwendung der Nettomethode werden die Abschlußkosten in
Form von gleichmäßigen Zuschlägen auf sämtliche Prämien verteilt und
sind daher erst mit der letzten Prämienzahlung völlig getilgt. Bei vorzeitiger Vertragsbeendigung fehlen dem Versicherer daher noch die Ab-
zahlungsraten, die in den künftigen Prämien zu entrichten gewesen
wären. Dafür verlangt der Versicherer mit vollem Recht einen entsprechenden Abzug vom Deckungskapital.

Nach der Zillmerschen Berechnungsmethode wird das Deckungskapital sofort mit den Erwerbskosten belastet und die ersten Jahresprämien werden nach Abzug des Risikoanteils zur Tilgung dieser
Kosten verwendet[25]. Im Regelfall sind daher die Abschlußkosten bei
vorzeitiger Vertragsbeendigung vom Versicherungsnehmer beglichen.
Da jedoch der Zillmersatz durch die Aufsichtsbehörde auf 35 v. T. der
Versicherungssumme begrenzt ist[26], können die Abschlußkosten nicht
immer in voller Höhe in Ansatz gebracht werden. In diesen Fällen ist
ein Abzug vom Deckungskapital in Höhe des Unterschiedsbetrages
zwischen den tatsächlichen Erwerbskosten und 35 v. T. der Versiche-

---

[24] Siehe S. 83, Anm. 22.
[25] Vgl. *Bosshart*, A.: Rückkauf und Umwandlung einer Lebensversicherung,
a. a. O., S. 98 f.; *Nöbel*, H.: Das Deckungskapital in der Lebensversicherung,
a. a. O., S. 12.
[26] VA 29, 103.

rungssumme gerechtfertigt. Hinsichtlich der durch den Rückkauf entstehenden Verwaltungskosten ist ein bestimmter Abzug vom Deckungskapital notwendig. Dieser muß jedoch den tatsächlich anfallenden Kosten gerecht werden und darf nicht in irgendein prozentuales Verhältnis zum vorhandenen Deckungskapital gesetzt werden. Sonst würden nämlich Versicherungsnehmer mit einem hohen Deckungskapital ein Vielfaches dessen aufzubringen haben, was Versicherungsnehmer mit einem niedrigen Deckungskapital leisten, obwohl die Ermittlung beider Rückkaufswerte etwa gleichen Arbeitsaufwand erfordert.

dd) Schadloshaltung des Versicherers für entgangenen Gewinn

Aus dem Prinzip, daß dem Versicherer und mit ihm den vertragstreuen Versicherten durch den vorzeitigen Austritt des Versicherungsnehmers kein Nachteil entstehen soll, will Bosshart[27] einen weiteren Abzug am Deckungskapital des Austretenden rechtfertigen. Er argumentiert: „Jeder Versicherungsvertrag soll für die Versicherungsanstalt beziehungsweise für die Gesamtheit der Versicherten einen Gewinn abwerfen. Bei vorzeitiger Auflösung entgeht dem Versicherer dieser Gewinn, wofür er entschädigt zu werden verdient. Sein Gewinn könnte sich aus einem günstigen Verlauf der Sterblichkeit ergeben, oder aus Ersparnissen an Verwaltungskosten, ganz besonders aber auch aus einer Differenz des Zinsfußes, den er vorsichtigerweise seinen Berechnungen zugrunde legen durfte, und dem tatsächlich erzielten Zinsfuß."

Bosshart spricht hier also von einem sog. versteckten Gewinn, der sich durch die zu vorsichtige Kalkulation der einzelnen Prämienbestandteile ergeben kann. Unseres Erachtens läge es näher, zunächst auf den Gewinnanteil einzugehen, der bei der Bemessung der Prämientarife als Kalkulationszuschlag offen ausgewiesen wird[28]. Wenn man nämlich bereits hier einen Abzug am Deckungskapital für die Schadloshaltung des Versicherers verneint, ist er für den sog. versteckten Gewinn noch viel weniger zu rechtfertigen.

Den Begriff des entgangenen Gewinnes behandelt der Gesetzgeber in § 252 BGB. Im Falle des Prämienrückkaufes durch Kündigung handelt es sich jedoch nicht um eine nach bürgerlich-rechtlichen Gesichtspunkten zu beantwortende Frage des Schadenersatzes, sondern um eine spe-

---

[27] *Bosshart*, A.: Rückkauf und Umwandlung einer Lebensversicherung, a. a. O., S. 99 f.; *Loewy*, A.: Versicherungsmathematik, Berlin 1924, S. 205; *Dumas:* Le rachat et la réduction des polices d'assurances sur la vie. In: Mitteilungen der Vereinigung schweizerischer Versicherungsmathematiker, 4. Heft, Bern 1909, S. 82.
[28] Vgl. *Zwinggi*, E.: Versicherungsmathematik, 2. Aufl., Basel-Stuttgart 1958, S. 150.

zifisch versicherungsrechtliche Frage. Wenn man im Versicherungsrecht
nach einer Parallele sucht, so kann man auf § 53 VVG[29] verweisen. Danach wird bei der Schadensversicherung in der Regel der entgangene
Gewinn nicht ersetzt. Der Versicherer braucht also selbst einen nach-
weislich entgangenen Gewinn nicht zu vergüten. Im Falle des Rückkaufes
kann der Versicherer nicht einmal den Beweis erbringen, daß er durch
den vorzeitigen Austritt eines Versicherungsnehmers tatsächlich eine
Gewinneinbuße erleidet. Vielleicht verstirbt der ausscheidende Versicherungsnehmer schon in allernächster Zeit und der Versicherer erzielt
durch den vorzeitigen Austritt des schlechten Risikos noch einen erheblichen Vorteil. Ein Abzug am Deckungskapital für den entgangenen
Gewinn ist daher unseres Erachtens nicht zu rechtfertigen.

Die sog. versteckten Gewinne sind das Ergebnis einer vorsichtigen
Kalkulation in Zeiten günstigen Betriebsablaufes. Eine vorsichtige Kalkulation ist aber noch kein Garant für einen andauernden Betriebsüber-
schuß, sie verfolgt vielmehr das Ziel, für den Versicherer in Zeiten der
Depression einen kostendeckenden Preis zu gewährleisten, ihn also vor
Verlusten zu bewahren. Sog. versteckte Gewinne können daher vom
Versicherer nur in den Perioden des Aufschwungs und der Hochkonjunktur erwartet werden. Nun zeigen uns die Wechsellagen der Wirtschaft
aber, daß den Zeiten des Aufschwungs und der Hochkonjunktur stets
ein gewisser Niedergang folgt[30]. In Zeiten der Depression käme daher
ein Abzug am Deckungskapital für den entgangenen Gewinn einer unge-
rechtfertigten Bereicherung des Versicherers gleich. Da die Befürworter
eines Abzuges aber die Wechsellagen unberücksichtigt lassen, kommen
sie zwangsläufig zu einem falschen Ergebnis, das für den ausscheidenden
Versicherungsnehmer zumindest unbillig wäre und von uns daher mit
aller Entschiedenheit abgelehnt werden muß[31].

ee) Notwendigkeit der Anlage von Teilen des Deckungsstocks in leicht-
flüssiger Form für mögliche Rückkaufsfälle

Im Hinblick auf die Möglichkeit der vorzeitigen Beendigung des Versicherungsverhältnisses kann der Versicherer einen Teil des Deckungsstocks nur kurzfristig anlegen. Die Rückvergütung wird auf den Schluß
des laufenden Versicherungsjahres oder bei Kündigung innerhalb des

---

[29] Dabei soll freilich nicht verkannt werden, daß zwischen dem Abzug des
entgangenen Gewinnes beim Deckungskapital und seinem Ersatz im Scha-
densversicherungsrecht erhebliche Unterschiede bestehen.
[30] *Weddigen*, W.: Theoretische Volkswirtschaftslehre als System der Wirtschaftstheorie, a. a. O., S. 146 ff., S. 336 ff. und 352 f.
[31] Die gleiche Auffassung vertritt *Nöbel*, H.: Das Deckungskapital in der
Lebensversicherung, a. a. O., S. 48, allerdings ohne rechtliche Begründung.

Versicherungsjahres[32] drei Monate nach dem Rückkaufbegehren des Versicherungsnehmers fällig und der Versicherer muß dann über die entsprechenden Barmittel verfügen. Dadurch wird erforderlich, daß Teile
des Deckungsstocks kurzfristig angelegt werden, was somit den Zinsfuß
ungünstig beeinflußt. Bosshart[33] ist daher der Auffassung, daß diejenigen, denen beim Rückkauf die unvorteilhafte Anlage der Gelder zugute
kommt, auch für den entstehenden Schaden eintreten und einen entsprechenden Abzug am Deckungskapital hinnehmen müssen.

Wir teilen diese Meinung insoweit, als durch die vorzeitige Kündigung
die Rechnungsgrundlagen, auf denen die Prämientarife aufgebaut sind,
unterschritten werden. Das bedeutet also, daß ein Abzug am Deckungskapital dann gerechtfertigt erscheint, wenn für die kurzfristig angeleg-
ten Gelder keine dauerhafte Mindestverzinsung von 3 v. H. erreicht
werden kann.

Nun hat eine Untersuchung über den Zinsertrag bei Kündigungs-
geldern von drei Monaten[34] ergeben, daß der durchschnittliche Zinsfuß
seit der Währungsumstellung vom 21. 6. 1948 bis 30. 6. 1961 sich schon
auf 3,04 v. H. beläuft und bei größeren Einlagebeträgen (ab 50 000 bzw.
1 000 000) — um solche würde es sich in vorliegendem Falle handeln —
noch darüber liegt. Der Versicherer könnte also die seiner Tarifberech-
nung zugrundeliegende Verzinsung von 3 v. H. schon erreichen, wenn er
die für den Prämienrückkauf bereitzuhaltenden Mittel als Kündigungs-
gelder bei einer Bank anlegen würde. Auf dem freien Geldmarkt hingegen, wo auch der Großteil dieser Gelder untergebracht wird, ist die
Verzinsung noch wesentlich höher. Somit erwächst dem Versicherer
durch die kurzfristige Anlage von Teilen des Deckungsstocks im Vergleich mit seinen Rechnungsgrundlagen keinerlei Schaden, und wir lehnen daher einen Abzug vom Deckungskapital hierfür ab.

ff) Möglichkeit der Antiselektion

Sehr schwierig zu beurteilen ist die Frage, ob durch die Möglichkeit
der vorzeitigen Beendigung von Versicherungsverträgen eine Verschlechterung des Versicherungsbestandes, eine sog. Antiselektion, eintritt, die
einen entsprechenden Abzug am Deckungskapital rechtfertigt. Vielfach
wird die Meinung vertreten, daß die Sterblichkeit der ausgetretenen

---

[32] Vgl. 1. Kapitel, Abschnitt III 3 b.
[33] *Bosshart*, A.: Rückkauf und Umwandlung einer Lebensversicherung,
a. a. O., S. 100.
[34] Grundlage bildete der Monatsbericht der Deutschen Bundesbank,
13. Jahrgang, Nr. 11, Frankfurt a. M. 1961, S. 68.

Versicherungsnehmer kleiner sei, als die der vertragstreuen[35]. Die Übersterblichkeit des verbleibenden Bestandes erklärt Bosshart[36] damit, daß sich nur Gesunde zur Auflösung ihrer Versicherung entschließen, während Kränkliche mit allen Mitteln die Weiterführung der Versicherung erstreben. Ein Kranker, meint er, wird immer einen Weg finden, um den Versicherungsvertrag aufrecht zu erhalten. Dagegen wird der Gesunde, der aller Voraussicht nach die Prämienleistung noch viele Jahre zu erbringen haben wird, ohne in absehbarer Zeit eine Gegenleistung zu erhalten, die Versicherung eher zurückkaufen, wenn er bares Geld benötigt, oder sich eine bessere Anlagemöglichkeit bietet. Besonders Versicherungsnehmer, die nur eine Versicherung eingegangen sind, weil sie ihrer Gesundheit mißtrauten, werden, sobald sich ihr Zustand bessert, die Versicherung wieder aufgeben, weil sie sich in der Erwartung auf eine große Versicherungssumme gegen wenige Prämien getäuscht sehen.

Nun ist kaum abzuleugnen, daß der Versicherte selbst ein gewisses Gefühl für die Qualität seines Risikos hat. Die Erfahrung zeigt, daß Personen, die eine Versicherung auf den Erlebensfall oder eine Leibrentenversicherung abschließen, eine viel geringere Sterblichkeit aufweisen, als die auf den Todesfall versicherten. Zu derartigen Versicherungen führt eine hohe Lebenserwartung, und „die persönliche Anschauung über die eigene Gesundheit erweist sich als ungemein treffend. Eine solche Selbstauslese, auch Gegenauslese genannt, vollziehen übrigens auch die Versicherten bei der Todesfallversicherung in der Wahl der ihnen günstigen Versicherungskombinationen und Tarife, sowie in bewußten und unbewußten Spekulationsversicherungen"[37]. Die abgekürzt auf den Todesfall Versicherten weisen ebenfalls bessere Lebenschancen auf als die lebenslänglich Versicherten, die mit Gewinn Versicherten bessere als diejenigen, die auf Gewinnbeteiligung verzichtet haben[38]. Ob und insbesondere in welchem Umfang ein solches Gefühl auch bei der Kündigung besteht, und wie weit demzufolge eine Antiselektion durch das Ausscheiden des Versicherungsnehmers willkürlich herbeigeführt werden kann, läßt sich nicht zahlenmäßig überblicken.

---

[35] So *Koenig*, H.: Die vermögenswerten Rechte aus dem Lebensversicherungsvertrag, a. a. O., S. 455; *Schulz*, J.: Rückkauf und Umwandlung, Diss. Leipzig 1911, S. 27; *Nöbel*, H.: Das Deckungskapital in der Lebensversicherung, a. a. O., S. 49; *Patzig*, A.: Die Bemessung der Abfindungswerte in der Lebensversicherung. In: ZVersWiss., 17. Bd., Berlin 1917, S. 424; *Höckner*, G.: Das Deckungskapital im Lebensversicherungsvertrag und die Abfindungswerte bei vorzeitiger Vertragslösung, a. a. O., S. 51.

[36] *Bosshart*, A.: Rückkauf und Umwandlung einer Lebensversicherung, a. a. O., S. 95 f.

[37] *Loewy*, A.: Versicherungsmathematik, a. a. O., S. 32.

[38] *Karup*, J.: Die Reform des Rechnungswesens der Gothaer Lebensversicherungsbank, Jena 1903, S. 49; *Abel*, A.: Wirkungen der Auslese in der Versichertensterblichkeit der deutschen Lebensversicherung, Berlin 1914, S. 1 ff.

Da die ausscheidenden Versicherungsnehmer sich der ferneren Beobachtung durch den Versicherer entziehen, fehlen bei der Beurteilung der Antiselektion genaue statistische Unterlagen über das Ableben dieser Personen. Untersuchungen in dieser Hinsicht blieben bisher vereinzelt; soweit vorhanden zeigen sie, daß die Antiselektion in der Lebensversicherung kaum überbewertet werden darf. So stellte Fredholm[39] bei der norwegischen Gesellschaft Skandia fest, daß die Sterblichkeit der Ausgetretenen diejenige der Tafeln der Skandia sogar um 11 v. H. überstieg. Dieses Ergebnis erhielt eine gewisse Unterstützung durch die Statistik der Auflösungsgründe der Gesellschaft „Atlas"[40]. Danach geben zumeist finanziell herunter gekommene Personen ihre Versicherung auf. Bei mehr als der Hälfte der Ausgeschiedenen lag der Kündigungsgrund in den schlechten Vermögensverhältnissen. Der Versicherungsnehmer war von vornherein nicht in der Lage, die Prämie überhaupt bzw. in der betreffenden Höhe zu bezahlen, oder Konkurs und Arbeitslosigkeit zwangen ihn zur Aufgabe der Versicherung. Erfahrungsgemäß sind schlechte finanzielle Verhältnisse infolge vermehrter Aufregungen, mangelhafter Ernährung und ungesunder Wohnverhältnisse mit erhöhter Sterblichkeit verbunden, so daß der Versicherer durch die Kündigung keinesfalls nur die guten Risiken verliert. So meint auch Müller-Erzbach[41], daß die Versicherer durch den Rückkauf im Wege der „Antiselektion" nicht nur die Risiken der Versicherten verlieren, „die sich noch im Vollbesitz ihrer Kräfte fühlen. Denn wirtschaftlicher Verfall, der meist den Rückkauf veranlaßt, zehrt auch an der Lebenskraft". Diese Feststellung wird noch durch die Tatsache erhärtet, daß die Versicherer die Differenz zwischen dem Rückkaufspreis und den Einzelreserven nicht zu den Sicherheitsreserven schlagen, sondern im Jahresgewinn aufgehen lassen. Trotzdem kann die Möglichkeit einer Antiselektion nicht bestritten werden, solange keine hinreichenden statistischen Untersuchungen über den Gesundheitszustand der ausscheidenden Versicherungsnehmer vorliegen.

Wenn wir uns trotz der nicht zu leugnenden Antiselektionsgefahr gegen einen Abzug am Deckungskapital wenden, so deshalb, weil durch die Anwendung veralteter Sterbetafeln bereits ein hinreichender Ausgleich geschaffen wurde. So basieren die Prämientarife, für Versicherungen auf den Todesfall, heute noch immer auf der Allgemeinen Deutschen Sterbetafel 1924—26, obwohl die Sterblichkeit durch die Fortschritte der medizinischen Wissenschaft und die neuzeitlichen Errungenschaften auf dem Gebiet der Hygiene in den letzten Jahrzehnten stark

---

[39] Bericht des 5. internationalen Kongresses für Versicherungswissenschaft, 2. Bd., Berlin 1906, S. 137.
[40] Rechenschaftsbericht für 1904—1907.
[41] *Müller-Erzbach*, R.: Deutsches Handelsrecht, 2. u. 3. Aufl., Tübingen 1928, S. 813.

Deutsche Sterbetafeln 1871—1951 in abgekürzter Form a)

Sterbetafeln — Tausendfache Werte der Sterbenswahrscheinlichkeiten

Alters-jahr b)	Männliche Personen								Weibliche Personen							
	1871/81	1881/90	1891/00	1901/10	1910/11	1924/26	1932/34	1949/51	1871/81	1881/90	1891/00	1901/10	1910/11	1924/26	1932/34	1949/51
0	252,73	241,69	233,86	202,34	181,45	115,38	85,35	61,77	217,40	206,89	198,62	170,48	153,05	93,92	68,39	49,09
1	64,92	63,73	51,99	39,88	32,30	16,19	9,26	4,16	63,64	61,87	49,93	38,47	30,99	14,93	8,23	3,60
2	33,19	31,96	22,47	14,92	12,06	6,36	4,50	2,46	32,58	31,34	21,73	14,63	11,51	5,74	3,98	2,15
3	23,09	22,07	14,84	9,47	7,58	4,04	3,44	1,94	21,64	21,64	14,45	9,25	7,42	3,62	2,88	1,64
4	17,05	16,14	10,74	6,91	5,78	3,16	2,74	1,53	16,87	16,12	10,67	6,84	5,55	2,86	2,47	1,27
5	13,00	12,06	8,00	5,28	4,40	2,42	2,30	1,21	12,87	12,11	8,06	5,31	4,33	2,19	2,13	0,99
10	4,66	4,11	3,01	2,44	2,18	1,42	1,31	0,70	4,76	4,38	3,20	2,56	2,20	1,20	1,13	0,47
15	3,87	3,45	3,06	2,77	2,70	1,94	1,55	1,04	4,22	4,00	3,49	3,02	2,82	1,81	1,27	0,68
20	7,50	6,54	5,76	5,04	4,66	4,27	2,81	1,88	6,14	5,29	4,59	4,22	3,87	3,32	2,27	1,15
25	8,48	7,18	5,90	5,13	4,72	4,39	2,98	2,23	8,20	7,10	5,94	5,97	4,99	3,94	2,69	1,35
30	9,28	8,29	6,54	5,56	5,05	4,05	3,23	2,28	9,65	8,53	6,96	5,97	5,64	4,14	2,98	1,65
35	11,01	10,50	8,35	6,97	6,14	4,25	4,03	2,76	11,10	9,86	8,02	6,86	6,57	4,52	3,52	1,99
40	13,63	12,94	10,93	9,22	8,23	5,35	4,88	3,52	12,20	10,86	9,02	7,71	7,08	5,31	4,21	2,55
45	16,80	15,91	14,24	12,44	11,01	7,23	6,60	5,16	12,60	11,28	9,81	8,54	7,94	6,44	5,53	3,68
50	21,45	20,23	18,58	16,93	15,40	10,30	9,35	8,50	16,00	14,38	12,84	11,26	10,81	8,86	7,88	5,46
55	27,90	26,68	24,60	23,57	21,65	15,48	14,30	12,75	21,65	20,24	18,14	16,19	15,32	12,73	11,36	8,13
60	38,20	36,93	33,94	32,60	31,20	23,62	21,43	18,91	32,85	30,54	27,50	24,73	24,11	19,47	17,48	12,91
65	55,20	52,72	49,54	47,06	46,33	36,92	33,94	29,06	50,05	47,20	43,60	39,60	38,54	31,55	28,40	22,24
70	81,08	76,55	73,35	69,36	68,75	58,08	53,77	45,79	74,70	71,71	67,81	62,06	61,93	51,98	46,86	39,11
75	120,04	117,10	110,08	106,40	109,28	93,91	87,87	75,08	116,00	112,04	104,82	98,31	98,34	85,29	81,49	68,11
80	174,48	170,77	163,76	157,87	160,57	141,96	137,01	121,37	168,30	161,90	155,65	146,50	151,41	133,71	127,85	114,02
85	243,63	247,25	241,80	231,60	235,89	212,85	205,71	190,15	236,35	229,41	225,37	217,39	218,62	198,37	192,72	173,62
90	319,02	339,83	335,18	320,02	327,21	284,69	299,20	282,56	313,84	306,23	302,27	295,66	302,38	263,08	263,53	259,16

a) 1871/81 bis 1932/34 Deutsches Reich, 1949/51 Bundesrepublik Deutschland. — b) Vollendetes Altersjahr. Quelle: Zeitschrift Wirtschaft und Statistik, herausgegeben vom Statistischen Bundesamt, 5. Jahrgang N. F. 1953, Heft 1, Anlage S. 6.

Zahl der Überlebenden von 100 000 Lebendgeborenen

Sterbetafeln

Alters-jahr	Männliche Personen								Weibliche Personen							
	1871/81	1881/90	1891/00	1901/10	1910/11	1924/26	1932/34	1949/51	1871/81	1881/90	1891/00	1901/10	1910/11	1924/26	1932/34	1949/51
0	100 000	100 000	100 000	100 000	100 000	100 000	100 000	100 000	100 000	100 000	100 000	100 000	100 000	100 000	100 000	100 000
1	74 727	75 831	76 614	79 766	81 855	88 462	91 465	93 823	78 260	79 311	80 138	82 952	84 695	90 608	93 161	95 091
2	69 876	70 998	72 631	76 585	79 211	87 030	90 618	93 433	73 280	74 404	76 137	79 761	82 070	89 255	92 394	94 749
3	67 557	68 729	70 999	75 442	78 255	86 477	90 211	93 203	70 892	72 073	74 482	78 594	81 126	88 743	92 026	94 545
4	65 997	67 212	69 945	74 727	77 662	86 127	89 901	93 040	69 295	70 514	73 406	77 867	80 523	88 422	91 761	94 390
5	64 871	66 127	69 194	74 211	77 213	85 855	89 654	92 880	68 126	69 377	72 623	77 334	80 077	88 169	91 535	94 270
10	62 089	63 526	67 369	72 827	75 984	85 070	88 793	92 444	65 237	66 601	70 646	75 845	78 816	87 452	90 753	93 937
15	60 892	62 441	66 462	72 007	75 189	84 469	88 244	91 997	63 878	65 306	69 562	74 887	77 930	86 877	90 270	93 701
20	59 287	60 970	65 049	70 647	73 832	83 268	87 298	91 466	62 324	63 838	68 201	73 564	76 659	85 808	89 490	93 295
25	56 892	58 897	63 168	68 881	72 130	81 429	86 032	90 531	60 174	61 937	66 467	71 849	75 043	84 275	88 390	92 711
30	54 454	56 713	61 274	67 092	70 425	79 726	84 715	89 518	57 566	59 584	64 385	69 848	73 115	82 597	87 139	92 039
35	51 815	54 168	59 111	65 104	68 545	78 111	83 234	88 428	54 685	56 921	62 047	67 679	71 020	80 847	85 754	91 221
40	48 775	51 148	56 402	62 598	66 227	76 313	81 481	87 102	51 576	54 054	59 467	65 283	68 659	78 917	84 135	90 225
45	45 272	47 668	53 037	59 405	63 238	74 032	79 285	85 342	48 481	51 146	56 751	62 717	66 187	76 704	82 211	88 901
50	41 228	43 684	49 002	55 340	59 349	71 006	76 322	82 648	45 245	48 110	53 768	59 812	63 231	73 943	79 620	86 991
55	36 544	38 989	44 133	50 186	54 290	66 818	72 147	78 562	41 308	44 287	49 938	55 984	59 350	70 236	76 038	84 225
60	31 124	33 456	38 308	43 807	47 736	60 883	66 293	72 852	36 293	39 287	44 814	50 780	54 016	65 076	70 984	80 166
65	24 802	26 940	31 294	36 079	39 527	52 715	58 106	64 999	29 703	32 628	37 828	43 540	46 484	57 671	63 712	73 875
70	17 750	19 665	23 195	27 136	29 905	41 906	47 059	54 394	21 901	24 546	28 917	34 078	36 448	47 255	53 184	63 994
75	10 743	12 188	14 730	17 586	19 328	28 998	33 479	40 700	13 677	15 645	18 900	23 006	24 517	38 028	39 132	49 605
80	5 035	5 833	7 330	8 987	9 711	16 066	19 122	25 106	6 570	7 815	9 773	12 348	12 981	19 711	23 500	31 787
85	1 635	1 909	2 497	3 212	3 297	6 371	7 732	11 321	2 232	2 756	3 568	4 752	4 794	8 372	10 323	15 225
90	330	360	492	683	679	1 599	1 966	3 175	471	612	821	1 131	1 126	2 356	2 868	4 815

Lebenserwartung (in Jahren)

Sterbetafeln

Altersjahr	Männliche Personen								Weibliche Personen							
	1871/81	1881/90	1891/00	1901/10	1910/11	1924/26	1932/34	1949/51	1871/81	1881/90	1891/00	1901/10	1910/11	1924/26	1932/34	1949/51
0	35,58	37,17	40,56	44,82	47,41	55,97	59,86	64,56	38,45	40,25	43,97	48,33	50,68	58,82	62,81	68,48
1	46,52	47,92	51,85	55,12	56,86	62,24	64,43	67,79	48,06	49,67	53,78	57,20	58,78	63,89	66,41	71,01
2	48,72	50,15	53,67	56,39	57,74	62,26	64,03	67,08	50,30	51,91	55,59	58,47	59,64	63,85	65,96	70,26
3	49,53	50,79	53,89	56,24	57,44	61,65	63,31	66,24	50,98	52,58	55,81	58,33	59,33	63,22	65,22	69,41
4	49,39	50,93	53,70	55,77	56,88	60,90	62,53	65,37	51,14	52,73	55,62	57,87	58,77	62,44	64,40	68,52
5	49,24	50,76	53,27	55,15	56,21	60,09	61,70	64,47	51,01	52,58	55,22	57,27	58,10	61,62	63,56	67,61
10	46,51	47,75	49,66	51,16	52,08	55,63	57,28	59,76	48,18	49,69	51,71	53,35	53,99	57,11	59,09	62,84
15	42,38	43,54	45,31	46,71	47,60	51,00	52,62	54,98	44,15	45,63	47,47	49,00	49,58	52,47	54,39	57,99
20	38,45	39,52	41,23	42,56	43,43	46,70	48,16	50,34	40,19	41,62	43,37	44,84	45,35	48,09	49,84	53,23
25	34,96	35,83	37,38	38,59	39,39	42,70	43,83	45,83	36,53	37,81	39,43	40,84	41,28	43,92	45,43	48,55
30	31,41	32,11	33,46	34,55	35,29	38,56	39,47	41,32	33,07	34,21	35,62	36,94	37,30	39,76	41,05	43,89
35	27,88	28,49	29,59	30,53	31,18	34,30	35,13	36,80	29,68	30,69	31,87	33,04	33,32	35,56	36,67	39,26
40	24,46	25,03	25,89	26,64	27,18	30,05	30,83	32,32	26,32	27,16	28,14	29,16	29,38	31,37	32,33	34,66
45	21,16	21,67	22,37	22,94	23,35	25,90	26,61	27,93	22,84	23,57	24,17	25,25	25,39	27,20	28,02	30,14
50	17,98	18,41	19,00	19,43	19,71	21,89	22,54	23,75	19,29	19,89	20,58	21,35	21,45	23,12	23,85	25,75
55	14,96	15,32	15,81	16,16	16,30	18,09	18,69	19,85	15,88	16,38	16,96	17,64	17,68	19,20	19,85	21,50
60	12,11	12,43	12,82	13,14	13,18	14,60	15,11	16,20	12,71	13,14	13,60	14,17	14,17	15,51	16,07	17,46
65	9,55	9,82	10,12	10,40	10,38	11,46	11,87	12,84	9,96	10,29	10,62	11,09	11,03	12,17	12,60	13,72
70	7,34	7,51	7,76	7,99	7,90	8,74	9,05	9,84	7,60	7,84	8,10	8,45	8,35	9,27	9,85	10,42
75	5,51	5,60	5,80	5,97	5,84	6,50	6,68	7,28	5,66	5,87	6,07	6,30	6,19	6,97	7,09	7,68
80	4,10	4,11	4,23	4,38	4,25	4,77	4,84	5,24	4,22	4,37	4,48	4,65	4,52	5,06	5,15	5,56
85	3,06	2,99	3,05	3,18	3,13	3,50	3,52	3,71	3,14	3,26	3,32	3,40	3,36	3,76	3,70	4,01
90	2,34	2,20	2,23	2,35	2,30	2,68	2,63	2,64	2,37	2,49	2,52	2,59	2,49	2,92	2,72	2,87

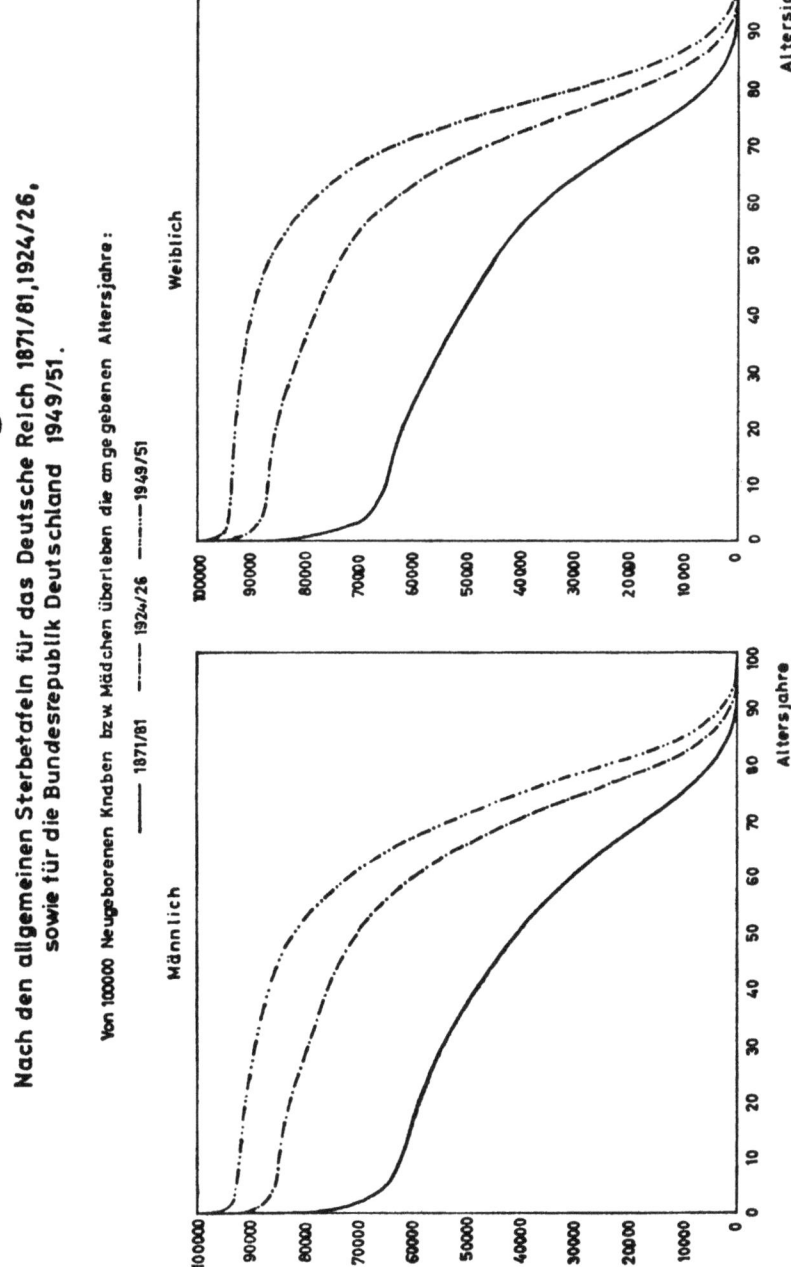

Die Absterbeordnung

Nach den allgemeinen Sterbetafeln für das Deutsche Reich 1871/81, 1924/26, sowie für die Bundesrepublik Deutschland 1949/51.

Von 100000 Neugeborenen Knaben bzw. Mädchen überleben die angegebenen Altersjahre:

——— 1871/81   —·—·— 1924/26   —··—··— 1949/51

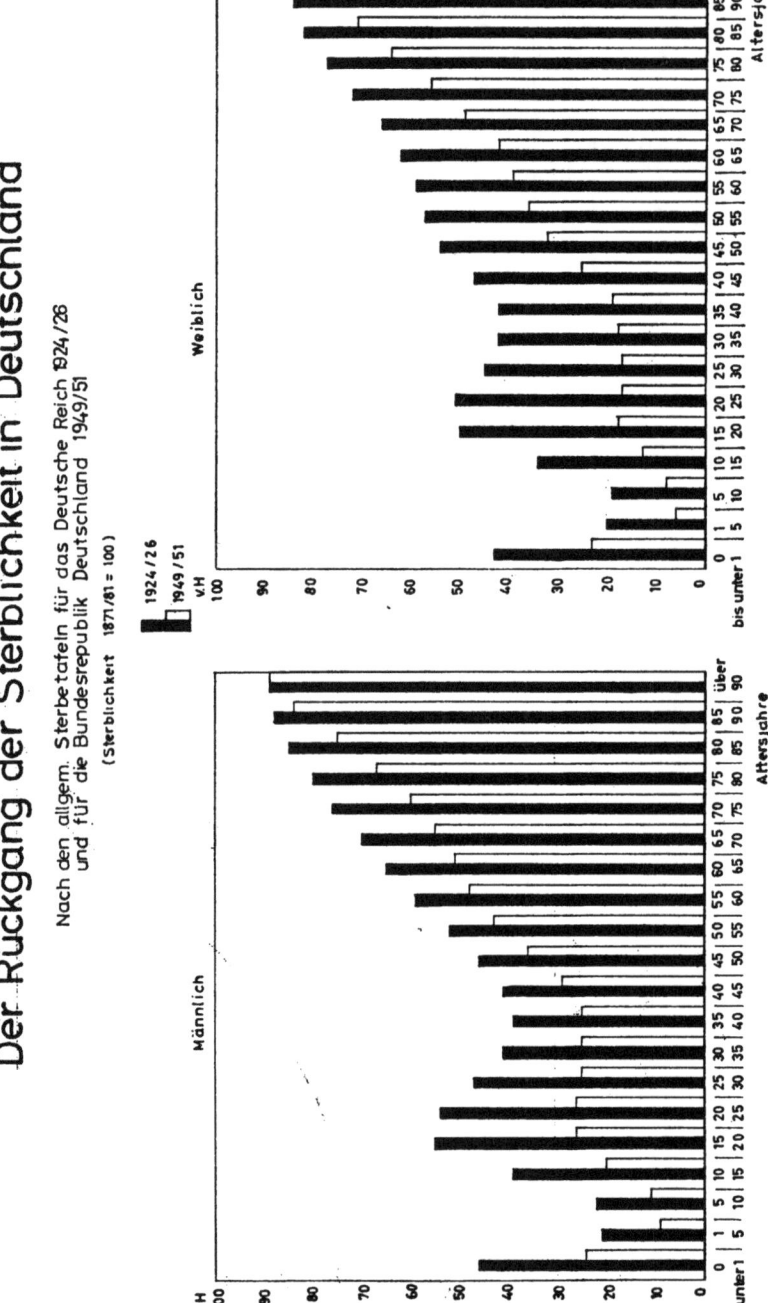

Der Rückgang der Sterblichkeit in Deutschland

Nach den allgem. Sterbetafeln für das Deutsche Reich 1924/26
und für die Bundesrepublik Deutschland 1949/51

(Sterblichkeit 1871/81 = 100)

zurückgegangen ist[42]. Betrug die mittlere Lebensdauer im Durchschnitt beider Geschlechter 1924/26 noch 57,4 Jahre, so stieg dieselbe bis 1949/51 auf 66,6 Jahre. Nun wird zwar in den höheren Lebensaltern der Sterblichkeitsrückgang mit zunehmendem Alter immer kleiner. Das liegt daran, daß hier die natürlichen Todesursachen, also die Abnutzungserscheinungen des menschlichen Körpers, überwiegen. Die geringen prozentualen Sterblichkeitsverbesserungen in den höheren Altersstufen dürfen aber nicht darüber hinwegtäuschen, daß hier die absolute Zahl der aufgeschobenen Todesfälle größer ist als in den jungen Altern mit größeren prozentualen Sterblichkeitsabnahmen; denn eine bestimmte prozentuale Sterblichkeitsveränderung wirkt sich auf die absolute Zahl der Sterbefälle bei einer großen Sterbehäufigkeit viel stärker aus, als bei einer kleinen[43]. Zur Verdeutlichung dieser Feststellungen mögen die angefügten Sterbetafeln und Schaubilder dienen.

4. Die Gewinnbeteiligung und der Rückkauf

a) Die Gewinnbeteiligung in der Lebensversicherung[44]

Die Gewinnbeteiligung in der Lebensversicherung kann ihrem Wesen nach als eine nachträgliche Korrektur der vertraglich festgelegten Versicherungsleistungen zugunsten des Versicherungsnehmers angesehen werden. Damit der Versicherer jederzeit seinen Verpflichtungen nachkommen kann, sind die Prämien in der Lebensversicherung normalerweise bewußt etwas überhöht. Diese Überhöhung gründet sich auf die bereits mehrfach betonte, vorsichtige Kalkulation hinsichtlich des Zinses und der angewandten Sterbetafeln. Im Versicherungsvertrag wird somit die oberste Grenze der vom Versicherungsnehmer zu erbringenden Leistungen festgesetzt, welche durch die vom Geschäftsergebnis des Versicherers abhängigen Gewinnanteile ermäßigt werden[45].

---

[42] So: Deutsche Wirtschaftskunde, bearbeitet im Statistischen Reichsamt, Berlin 1930, S. 28 f.; Burgdörfer, F.: Der Geburtenrückgang und seine Bekämpfung, Berlin 1929, S. 29.

[43] Vgl. Allgemeine Sterbetafel für die Bundesrepublik Deutschland 1949/51. In: Zeitschrift Wirtschaft und Statistik, herausgegeben vom Statistischen Bundesamt, 5. Jahrgang N. F. 1953, Heft 1, S. 13 f.

[44] Vgl. Haasen, U.: Das Recht auf den Überschuß bei den privaten Versicherungsgesellschaften, Stuttgart 1955, S. 8 f.; Moser, H.: Der Versicherungsvertrag mit Gewinnbeteiligung. In: ZVersWiss., 28. Bd., Berlin 1928, S. 409; Patzig, A.: Alte und neue Wege der Gewinnbeteiligung in der Lebensversicherung. In: Neumanns Zeitschrift, Festausgabe, Berlin 1927, S. 33 ff.; Manes, A.: Versicherungswesen, 3. Bd., 5. Aufl., Leipzig-Berlin 1932, S. 67 f.; Alter, P.: Die Überschußbeteiligung im Versicherungsvertrag, Diss. Zürich 1947, S. 9 und 34; Gürtler, M.: Die Kalkulation der Versicherungsbetriebe, 2. Aufl., Berlin-Frankfurt a. M., S. 34 f.

[45] Dies trifft wörtlich nur dann zu, wenn, wie es häufig geschieht, die anfallenden Gewinnanteile von der Prämie abgezogen werden. Bei der sog.

Mit Recht warnen allerdings zahlreiche Autoren[46] vor Entartungser-
scheinungen der Gewinnbeteiligung, die zum Selbstzweck und reinen
Propagandamittel der Versicherer ausgenutzt werden. Das trifft zu,
wenn von vornherein höhere Prämien verlangt werden, als selbst bei
größter Vorsicht notwendig sind, um eine möglichst hohe Gewinnbeteiligung nachzuweisen. Diese künstliche Erhöhung der Gewinnanteile ist
wirtschaftlich nicht vertretbar, denn sie verursacht zusätzliche Verwaltungskosten, die vom Versicherungsnehmer getragen werden müssen
und somit die Versicherungsprämie verteuern.

Hinsichtlich der Bezeichnung der Überschüsse besteht bisher keine
Einheitlichkeit. „Mit derselben Bedeutung werden nebeneinander ge-
braucht: Dividende, Versicherten-Dividende, Überschußanteil, Anteil am
Geschäftsgewinn, Bonus, Gewinnanteil, Prämienrückgewähr. Diese Bezeichnungen werden auch noch variiert, zum Beispiel: Summendivi-
dende, Übergangsdividende, Schlußdividende, Nachdividende, Zinszu-
schußdividende usw.[47]." Die Mitglieder des Arbeitskreises für Betriebstechnik beim Verband der Lebensversicherungsunternehmen e. V. haben
deshalb angeregt, künftig den Ausdruck „Gewinnanteil" als einheitliche
Bezeichnung für die Beteiligung der Versicherten am Geschäftsergebnis
zu verwenden. Obwohl das Bundesaufsichtsamt neuerdings die Bezeichnung „Überschußanteil" verwendet, machen wir in unseren Ausführungen von der Anregung des Arbeitskreises Gebrauch, weil wir glauben,
daß der Ausdruck „Gewinnanteil" in der Öffentlichkeit das größte Ver-
ständnis findet.

b) Das Wesen der Gewinnansammlung

Bei den meisten Gesellschaften wird der durch Beschluß des zuständigen Organs festgestellte Gewinn nicht sofort an die anteilsberechtigten
Versicherungsnehmer ausgeschüttet, sondern zunächst einer Rückstellung zugeführt. Für Neuabschlüsse ist hierbei eine Wartezeit von
2—5 Jahren üblich, weil aus den ersten Prämien die relativ hohen Abschlußkosten getilgt werden sollen. Vielfach werden Überschüsse auch
zurückgehalten, um die schwankende Höhe der Jahresergebnisse auszu-

---

Gewinnansammlung dagegen bleibt die Prämie konstant, während sich die
Versicherungsleistung im Versicherungsfall um die angelaufenen Gewinnanteile erhöht.

[46] So *Manes*, A.: Versicherungswesen, a. a. O., S. 71; *Woerner*, G.: Allgemeine Versicherungslehre, Leipzig 1920, S. 51, 80 und 94.

[47] Technik der Gewinnverteilung. In: Schriftenreihe Betriebstechnische
Fragen der Lebensversicherung, herausgegeben vom Verband der Lebensversicherungsunternehmen, Ausschuß für Betriebstechnik, 15. Folge, Bonn
1960, S. 6.

gleichen. Des weiteren bringt die Art der einzelnen Verteilungssysteme es mit sich, daß die Beträge oft längere Zeit angesammelt werden[48].

Nun behalten sich die meisten Gesellschaften in ihren Satzungen das Recht vor, mit Genehmigung der zuständigen Aufsichtsbehörde in Ausnahmefällen aus der Rückstellung Beträge zur Abdeckung eines Notstandes bzw. zur Verlustabdeckung zu entnehmen. Die Rückstellung trägt hierdurch zu einer verstärkten Sicherheit des Unternehmens bei und hat somit den Charakter einer zusätzlichen Sicherheitsreserve[49].

Diese doppelte Funktion der Gewinnansammlung führt zu der Frage nach ihrem bilanzmäßigen Wesen. Nach dem Sicherheitszweck zu schließen, müßte es sich um eine „echte Reserve" handeln, also um einen Teil des Reinvermögens, welcher der Verteilung für dauernd entzogen ist. Dagegen ist die Ansammlung zwecks einer Regulierung der jährlichen Gewinnbeteiligung keine „Reserve", sondern eine Rückstellung, weil nur vorübergehend Vermögen zurückgehalten wird, das kein zusätzliches Betriebskapital darstellt[50]. Die vorherrschende Meinung geht heute dahin, „daß die Sicherheitsfunktion den Charakter der Ansammlung als Rückstellung nicht verändert. Der Sicherheitszweck erfordert es nicht, daß die Rückstellung zu einem Teil des Betriebskapitals wird und dauernd der Verteilung entzogen ist. Lediglich beim Eintritt von Verlusten zeigt es sich, daß Beträge aus der Rückstellung wie Betriebskapital herangezogen werden können. Unter normalen Umständen dagegen wird der Inhalt der Rückstellung nach der Aufschubzeit verteilt"[51].

Dementsprechend hat das Bundesaufsichtsamt für das Versicherungs- und Bausparwesen nach § 55 Abs. 2 VAG i. V. m. Artikel III Abs. 1 der zweiten Durchführungsverordnung zum Aktiengesetz bestimmt[52], daß Zuweisungen aus dem Gewinn des laufenden Geschäftsjahres und die noch nicht verbrauchten Teile früherer Zuweisungen, welche für die Gesamtheit der an der Beitragsrückerstattung Beteiligten (Gewinnberechtigten) zur späteren Verteilung an die einzelnen Versicherungsnehmer zur Verfügung stehen, in der Bilanz unter B VII als „Rückstellung für Beitragsrückerstattung" auszuweisen sind[53].

---

[48] Vgl. *Haasen*, U.: Das Recht auf den Überschuß bei den privaten Versicherungsgesellschaften, a. a. O., S. 13.

[49] *Alter*, P.: Die Überschußbeteiligung im Versicherungsvertrag, a. a. O., S. 21.

[50] *Rehm*, H.: Die Bilanz der Aktiengesellschaften, 2. Aufl., München 1914, S. 233 ff.

[51] *Haasen*, U.: Das Recht auf den Überschuß bei den privaten Versicherungsgesellschaften, a. a. O., S. 14; in gleichem Sinn äußern sich *Riebesell*, P.: Die versicherungstechnischen Rücklagen und ihre steuerliche Behandlung. In: ZVersWiss., 40. Bd., Berlin 1940, S. 107; *Krumbholt*, G.: Der Dividendenanspruch der Versicherungsnehmer in der privaten Lebensversicherung, Diss. Hamburg 1950, S. 6.

[52] RGBl. I, S. 1300.

[53] Wirtschaftsprüfer Handbuch 1959, herausgegeben vom Institut der Wirtschaftsprüfer in Deutschland, Düsseldorf 1959, S. 346.

c) Die Gewinnverteilung[54]

Von dem Gewinn eines Geschäftsjahres werden zunächst die notwendigen gesetzlichen und freien Rücklagen aufgefüllt und, sofern die Satzung der Gesellschaft eine Tantiemenausschüttung vorsieht, diese davon bestritten. Der verbleibende Rest wird sodann an die berechtigten Versicherungsnehmer verteilt. Bei den Versicherungsvereinen auf Gegenseitigkeit schreibt das Gesetz (§ 38 VAG) die Ausschüttung aller Überschüsse an die Mitglieder zwingend vor. Aber auch bei den Aktiengesellschaften unterscheidet sich heute die Gewinnbeteiligung der Versicherungsnehmer nicht wesentlich von der bei den Gegenseitigkeitsvereinen. Da bei Aktiengesellschaften das eingezahlte Aktienkapital eine gesonderte Gewinnquelle bildet, aus der ein großer Teil der Aktionärsdividende gespeist wird, ist der Teil, der den Versicherten entzogen wird, äußerst gering. So hat eine Untersuchung von Rusam[55] ergeben, daß im Jahr 1933 an die Aktionäre bei 29 Lebensversicherungs-Aktiengesellschaften eine Durchschnittsdividende von 11,1 v. H. des eingezahlten Kapitals gewährt wurde. Die Verzinsung dieses Kapitals erbrachte für den gleichen Zeitraum 6 v. H., so daß nur die restlichen 5,1 v. H. aus dem erzielten Gewinn zu entnehmen waren. Diese 5,1 v. H. betragen in Prozenten der Gewinnzuweisung 2,6 v. H. Um diesen Betrag wäre also die Ausschüttung bei Versicherungsvereinen auf Gegenseitigkeit höher gewesen. In den letzten Jahren blieb der Aktionäranteil an den Überschüssen bei verschiedenen Versicherungs-Aktiengesellschaften noch unter diesem Prozentsatz. So wurden beispielsweise bei der Nürnberger Lebensversicherungs AG seit der Währungsreform vom 21. 6. 1948 mehr als 99 v. H. aller Überschüsse der Gewinnreserve der Versicherten zugewiesen, obwohl der satzungsmäßige Anspruch nur 90 v. H. betragen hätte[56].

Für die Gewinnverteilung ist ein möglichst gerechtes und zuverlässiges System anzustreben. Dabei müßte jeder Versicherungsnehmer für die ganze Dauer der Versicherung etwa in der Höhe am Gewinn des Unternehmens beteiligt werden, in der er zur Erzielung des Gewinns beigetragen hat[57]. Zum Schutze der Versicherungsnehmer gegen eine willkürliche Gewinnverteilung ist der Geschäftsplan mit seinen Teilen, in denen die Verteilungssysteme darzustellen sind, der Aufsichtsbehörde[58] zur Genehmigung vorzulegen (§§ 5 und 10 Ziffer 7 VAG) und seine Einhaltung von ihr zu überwachen (§ 81 Abs. 1 VAG)[59].

---

[54] Vgl. *Haasen*, U.: Das Recht auf den Überschuß bei den privaten Versicherungsgesellschaften, a. a. O., S. 15 ff.
[55] *Rusam:* Untersuchung. In: Neumanns Zeitschrift, Berlin 1934, S. 1160.
[56] laut einer Veröffentlichung und persönlicher Auskünfte der Direktion.
[57] *Zwinggi*, E.: Versicherungsmathematik, a. a. O., S. 133.
[58] Bundesaufsichtsamt für das Versicherungs- und Bausparwesen, Berlin.
[59] Vgl. VerAfP 1907, S. 35.

Wird gegen diese Vorschriften verstoßen, so kann die Aufsichtsbehörde die Inhaber und Geschäftsleiter der Versicherungsunternehmen mit Ordnungsstrafen belegen (§ 81 Abs. 3 VAG).

Wir kennen heute zwei Gewinnverteilungsarten: das mechanische und das natürliche System. Nach dem mechanischen System werden die Überschüsse nach einer einfachen Handregel verteilt. Demgegenüber bevorzugt die Praxis das sogenannte natürliche Gewinnbeteiligungssystem. Hier wird der Überschuß zum Zwecke einer möglichst „gerechten" Gewinnbeteiligung der Versicherungsnehmer nach seinen Quellen analysiert und in Sterblichkeitsgewinn, Zinsgewinn, Prämienaufschlagsgewinn usw. aufgeteilt. Nach Maßgabe der einzelnen Gewinnquellen werden dann die Gewinnanteile den einzelnen Versicherungen in dem Verhältnis zugeteilt, in dem diese rechnungsmäßig zu den einzelnen Überschüssen beigetragen haben[60].

Die Form, in welcher der Versicherer die Gewinnanteile gewährt, ist verschieden. Nur selten verpflichtet sich eine Gesellschaft, die Gewinne bar auszuzahlen. Meist werden die Anteile dazu verwendet, entweder die Prämie der Versicherungsnehmer zu senken oder die Leistungen des Versicherers zu erhöhen. Die Prämienermäßigung hat, gerade bei einem System steigender Gewinnanteile, den Vorteil, daß dem Versicherungsnehmer mit zunehmendem Alter die Prämienzahlungspflicht erleichtert werden kann. Da aber die Versicherungsnehmer im höheren Lebensalter großenteils auch ein steigendes Einkommen erzielen, — man denke beispielsweise an Beamte und höhere Angestellte, deren Besoldung sich nach Dienstjahren richtet — wird diese Art der Gewinnbeteiligung bei der Mehrzahl gar nicht so sehr geschätzt. In der Praxis werden daher die Gewinnanteile häufig den Versicherten gutgeschrieben und wie bei einer Sparkasse verzinslich angesammelt. Es handelt sich dann um einen reinen Sparvorgang, der von der Versicherung losgelöst ist und den Versicherungsnehmer berechtigt, während der gesamten Vertragsdauer frei über sein Konto zu verfügen. Diese Verfügungsmacht kann allerdings durch die Satzungen und die ALVB weitgehend eingeschränkt werden, beispielsweise in der Art, daß das Guthaben erst mit der Fälligkeit der Versicherungssumme ausbezahlt werden muß.

Die Gewinnanteile können auch den jährlichen Versicherungsprämien zugeschlagen werden. Sie dienen dann zur Erhöhung der ursprünglich abgeschlossenen Versicherungssumme und werden also erst bei Beendigung des Versicherungsvertrages ausgeschüttet. Dagegen werden beim sogenannten Bonus-System die Gewinnanteile als Prämie für eine völlig neue Versicherung verwendet, die neben der Hauptversicherung herläuft, und daher auch selbständig rückkaufbar ist. Schließlich sei noch die

---

[60] Vgl. *Nöbel,* H.: Das Deckungskapital in der Lebensversicherung, a. a. O., S. 27 f.; Technik der Gewinnverteilung. In: Schriftenreihe Betriebstechnische Fragen der Lebensversicherung, a. a. O., S. 7.

Verwendung der Gewinnanteile zur Verkürzung der Versicherungsdauer erwähnt, welche besonders durch die sog. „Zuzahlungs- oder Ausbauversicherungen" aktuell geworden ist.

d) Die Gewinnanteile beim Rückkauf

Durch den Rückkauf wird das Versicherungsverhältnis gelöst und der Versicherer schuldet nach § 176 Abs. 1 VVG einen Abfindungswert. Dieser Abfindungswert „repräsentiert den Zeitwert der bedingten Forderung des Versicherungsnehmers gegen den Versicherer aus dem Versicherungsvertrag vor Eintritt der Bedingung für die Bezahlung der Versicherungssumme"[61].

Das schweizerische VVG hat in seinem Art. 94 bestimmt, daß die Vorschriften des Gesetzes über den Rückkauf von Lebensversicherungen auch für solche Leistungen gelten, die der Versicherer aus angefallenen Gewinnanteilen dem Anspruchsberechtigten in Form einer Erhöhung der Versicherungsleistung gewährt hat. Das bedeutet, daß bei der Ermittlung des Rückkaufswertes von der letzten maßgebenden Versicherungssumme auszugehen ist, ohne Rücksicht darauf, ob die Prämien dafür ganz oder teilweise aus Gewinnanteilen herrührten.

Im deutschen VVG fehlt eine entsprechende Bestimmung. Wir sind aber mit Alther[62] der Ansicht, daß eine derartige Vorschrift überhaupt nicht nötig ist, „denn auch diese erhöhten Leistungen beruhen auf dem Versicherungsvertrag; sie sind keine Schenkung des Versicherers, sondern sie entsprechen einem Forderungsrecht des Versicherungsnehmers, für das er Leistungen erbrachte". Die Pflicht des Versicherers, die angefallenen Gewinnanteile bei der Berechnung der Abfindungswerte zu berücksichtigen, ergibt sich daher schon als Folge der im VVG niedergelegten Grundsätze des freien Kündigungsrechts des Versicherungsnehmers (§§ 165, 173 VVG) und der Unverfallbarkeit der Versicherungsleistungen (§§ 175, 176 VVG).

Die zur Erhöhung der Versicherungsleistung bestimmten Gewinnanteile umfassen nicht nur den der Versicherungssummenerhöhung dienenden Bonus, sondern auch gutgeschriebene und verzinsliche Gewinnanteile, die sich im Depot des Versicherers befinden. Dabei spielt es keine Rolle, ob dieselben zur späteren Barauszahlung bestimmt sind oder ob sie bei Erreichung eines bestimmten Betrages als Einmalprämie für eine Zusatzversicherung Verwendung finden sollen[63].

---

[61] *Roelli-Jaeger:* Kommentar zum schweizerischen Bundesgesetz über den Versicherungsvertrag, 3. Bd., Personenversicherung, Bern 1933, Anm. 39 zu Art. 90 VVG.

[62] *Alther,* P.: Die Überschußbeteiligung im Versicherungsvertrag, a. a. O., S. 82.

[63] Vgl. *Alther,* P.: Die Überschußbeteiligung im Versicherungsvertrag, a. a. O., S. 83.

Werden die angefallenen Gewinnanteile allerdings als Prämie zu einer zusätzlichen Invaliditätsversicherung oder zu einer zusätzlichen reinen Erlebensfallversicherung verwendet, so ist die Leistungspflicht des Versicherers in bezug auf die Gewinnanteile ungewiß. In diesem Fall liegt also keine bereits gewährte Erhöhung der Versicherungsleistung vor, die beim Rückkauf beachtet werden müßte.

Die Vorschrift des § 173 VVG macht keinen Unterschied, ob die Versicherungsprämie durch eine effektive Zahlung oder durch eine teilweise oder vollständige Verrechnung mit Gewinnanteilen entrichtet wurde. Das bedeutet, daß beim Rückkauf einer Lebensversicherung auch die Gewinnanteile, welche nicht zur Erhöhung der Versicherungssumme, sondern zur Senkung der Versicherungsprämien verwendet wurden, Berücksichtigung finden müssen. Eine andere Lösung stände auch im Widerspruch zu § 389 BGB, der die Aufrechnung als Mittel zur Schuldentilgung, gleich wie die Zahlung, anerkennt.

In der Regel wird eine durch Gewinnanteile gespeiste zusätzliche Versicherung als sogenannter Bonus beim Rückkauf der Hauptversicherung ebenfalls aufgelöst. Dies trifft nicht zu, wenn die zusätzliche Versicherung einen solchen Grad von Selbständigkeit aufweist, daß sie vom Schicksal der Hauptversicherung unabhängig ist. Diese Unabhängigkeit kann sich aus dem vereinbarten Gewinnbeteiligungssystem ergeben. Das Vorhandensein einer eigenen Police beweist die Selbständigkeit der zusätzlichen Versicherung noch nicht; sie kann ihrem unselbständigen Charakter gemäß höchstens Indiz für das Vorliegen eines selbständigen Versicherungsvertrages sein. Erst die in ihr beurkundeten Bestimmungen können die Frage der Selbständigkeit eindeutig beantworten. In der Regel kann man Selbständigkeit dort annehmen, wo die zusätzliche Versicherung anderer Art ist, als die Hauptversicherung, also beispielsweise, wenn aus den Gewinnanteilen einer gemischten Lebensversicherung eine lebenslängliche Todesfallversicherung begründet wird[64]. Aber selbst in diesen Fällen ist immer anhand der Bestimmungen des Gewinnbeteiligungssystems zu prüfen, ob eine Selbständigkeit der zusätzlichen Versicherung wirklich gewollt war.

Beruht die zusätzliche Versicherung auf einem eigenen prämienfreien Versicherungsvertrag, so unterliegt sie selbständig den Bestimmungen

---

[64] So bei der Schweizer Rentenanstalt, Überschußbeteiligung für gemischte Lebensversicherungen nach Tarif VB: „Der Versicherungsnehmer kann den Überschußanteil zur Erhöhung des Versicherungsschutzes verwenden; in diesem Fall wird der Überschußanteil angesammelt und als zusätzliche, lebenslängliche, prämienfreie Todesfallversicherung verwendet, die zur Hauptversicherung hinzukommt ... erlebt der Versicherte den Endtermin, so wird die Versicherungssumme aus der Hauptversicherung ausbezahlt, er bleibt aber weiterhin für den angesammelten Summenzuwachs versichert ... der Versicherungsnehmer hat die Möglichkeit, den Summenzuwachs jederzeit abzulösen."

des VVG. Es hängt dann von der Entscheidung des Versicherungsnehmers ab, ob er neben dem Rückkauf der Hauptversicherung auch den Rückkauf der zusätzlichen Versicherung begehrt. Normalerweise sind jedoch die sogenannten Zusatzversicherungen als Folge der Gewinnbeteiligung keine selbständigen Versicherungsverträge, sondern lediglich Summenerhöhungen und Erweiterungen der Hauptversicherung und somit von deren vertraglichen Bestimmungen abhängig[65].

Die Gewinnbeteiligung ist aber auch ein wirksames Mittel gegen das Überhandnehmen des Prämienrückkaufes in der Lebensversicherung. Besonders das übliche System der ständig steigenden Gewinnanteile bewirkt, daß Versicherungsnehmer, deren Prämienverpflichtungen sich laufend ermäßigen, ihre Versicherungen nicht ohne zwingenden Grund aufgeben. Ebenso wird ein Gewinnplan, der für den Versicherungsfall Schlußgewinnanteile vorsieht, mit zunehmender Versicherungsdauer einer vorzeitigen Beendigung des Versicherungsvertrages durch Kündigung entgegenwirken. Werden die Gewinnanteile nicht laufend ausgeschüttet, so können die angesammelten Gewinnguthaben im Bedarfsfall zur Prämienzahlung verwendet werden und sich damit bestandserhaltend auswirken[66].

Die Tatsache der Gewinnbeteiligung des Versicherungsnehmers wird unseres Erachtens bei der Behandlung des Prämienrückkaufes überhaupt zu wenig berücksichtigt. Gerade bei längerer Versicherungsdauer übersteigen die aufgezinsten Gewinnanteile in den späteren Jahren oft das zutreffende Deckungskapital bzw. mindern die Prämienzahlungen in ganz erheblichem Maße. Ein Vergleich zwischen den Leistungen des Versicherungsnehmers und des Versicherers beim Rückkauf muß daher grundsätzlich die Gewinnanteile mitberücksichtigen, wenn man nicht zu einem völlig unzutreffenden Ergebnis gelangen will.

5. Die versicherungsmathematische Ermittlung des Rückkaufswertes[67]

Die Berechnung des Rückkaufswertes geschieht mit Hilfe der Versicherungsmathematik. Um diese schwierige Materie verständlich zu machen, sehen wir uns daher veranlaßt, von den Grundlagen der Prämienberechnung auszugehen und die Berechnung des Rückkaufswertes

---

[65] Vgl. *Alther*, P.: Die Überschußbeteiligung im Versicherungsvertrag, a. a. O., S. 83 ff.
[66] Vgl. *Alther*, P.: Die Überschußbeteiligung im Versicherungsvertrag, a. a. O., S. 117; Technik der Gewinnverteilung. In: Schriftenreihe Betriebstechnische Fragen der Lebensversicherung, a. a. O., S. 8.
[67] Bei der Bearbeitung dieses Abschnittes lehnen wir uns eng an die im Versicherungskaufmann, Abt. Versicherungsmathematik, Wiesbaden 1954/5, S. 95 001 ff. gemachten Ausführungen an, und übernehmen die dort gebräuchlichen Symbole.

systematisch zu entwickeln. Wir gehen bei unseren Betrachtungen dabei von einer Lebensversicherung auf den Todes- und Erlebensfall oder, wie man kurz sagt, der gemischten Versicherung aus.

a) Die Berechnung der Einmalprämie

Die Einmalprämie für eine gemischte Versicherung wird allgemein mit $A_{x,\overline{n}|}$ bezeichnet. Dabei soll x besagen, daß es sich um den Einmalbetrag für denjenigen Versicherten handelt, der mit x Jahren der Versicherung beitritt. Unter n soll die Laufzeit der Versicherung verstanden werden.

Nehmen wir nun an, daß l Personen im Alter x gleichzeitig eine Versicherung über die Versicherungssumme 1,— DM abschließen, so würde sich der Gesamtbetrag der vom Versicherer bei Vertragsbeginn einzuziehenden Einmalprämien auf

$$l_x \cdot A_{x,\overline{n}|} \, DM$$

belaufen.

Als Gegenleistung muß der Versicherer für jeden Versterbenden die Versicherungssumme von 1,— DM ausbezahlen. Bezeichnen wir nun die Zahl der Gestorbenen mit d, so hat der Versicherer im ersten Versicherungsjahr d_x mal 1,— DM zu leisten. Wenn wir ferner unterstellen, daß alle Todesfälle jeweils am Ende des Versicherungsjahres eintreten, ist es erforderlich ihren Betrag um ein Jahr zu diskontieren. Bezeichnen wir den Abzinsungsfaktor mit v, so ist der Barwert der Versicherungsleistungen zum Beginn des ersten Versicherungsjahres

$$d_x \cdot v \, DM$$

Für die im zweiten Versicherungsjahr eintretenden Todesfälle beträgt der auf den Versicherungsbeginn diskontierte Barwert

$$d_{x+1} \cdot v^2 \, DM,$$

weil diejenigen, welche im zweiten Versicherungsjahr sterben, dann schon x + 1 Jahre alt geworden sind. Bei den Todesfällen der folgenden Versicherungsjahre kann man sinngemäß verfahren. Im Versicherungsjahr n—1 werden die letzten Todesfälle ausbezahlt. Ihr Barwert zum Versicherungsbeginn beträgt dann

$$d_{x+n-1} \cdot v^n \, DM.$$

Somit hat der Versicherer für die während der Versicherungsdauer eintretenden Todesfälle insgesamt

$$d_x \cdot v + d_{x+1} \cdot v^2 + \ldots + d_{x+n-1} \cdot v^n \quad DM$$

an — auf den Versicherungsbeginn diskontierten — Barwerten auszuzahlen.

Außerdem hat der Versicherer aber noch an diejenigen Personen, welche den Ablauf der Versicherungsdauer erlebt haben, die also $x + n$ Jahre alt geworden sind, die Versicherungssumme von 1,— DM zu zahlen. Nachdem die Anzahl dieser Personen l_{x+n} beträgt, ergibt sich für diese ein auf den Versicherungsbeginn diskontierter Barwert von

$$l_{x+n} \cdot v^n \, \text{DM}.$$

Damit sind nunmehr alle Zahlungsverpflichtungen des Versicherers, soweit sie die reine Versicherungsleistung betreffen, erfaßt und ihr Barwert muß durch die vereinnahmten Einmalprämien gedeckt sein.

Somit ist

$$l_x \cdot A_{x,\overline{n}|} = d_x \cdot v + d_{x+1} \cdot v^2 + \ldots + d_{x+n-1} \cdot v^n + l_{x+n} \cdot v^n$$

oder

$$A_{x,\overline{n}|} = \frac{d_x \cdot v + d_{x+1} \cdot v^2 + \ldots + d_{x+n-1} \cdot v^n + l_{x+n} \cdot v^n}{l_x}$$

Zur leichteren Berechnung dieser Größe wurden sogenannte Hilfswerte eingeführt. Dabei hat man die diskontierte Zahl der Lebenden mit $D_x = l_x \cdot v^x$ bezeichnet, ihren Kommutationswert mit $N_x = D_x + D_{x+1} + D_{x+2} + \ldots + D_n$. Ferner wurde die diskontierte Anzahl der Gestorbenen auf $C_x = d_x \cdot v^{x+1}$ festgelegt mit einer Kommutationszahl von $M_x = C_x + C_{x+1} + C_{x+2} + \ldots + C_{x+n-1} + C_{x+n}$.

Durch Umformung obiger Gleichung und Einführung der Hilfswerte ergibt sich somit für den einmaligen Nettobetrag einer gemischten Versicherung

$$A_{x,\overline{n}|} = \frac{M_x - M_{x+n} + D_{x+n}}{D_x}$$

Beispielsweise würde hiernach der Einmalbeitrag einer gemischten Versicherung bei Eintrittsalter 30 und Endalter 65 Jahre auf der Grundlage der ADT 1924/26 und unter der Annahme einer $3\frac{1}{2}$prozentigen Verzinsung für je 1000,— DM Versicherungssumme

$$A_{30,\overline{35}|} = \frac{8\,348{,}129 - 3\,835{,}205 + 5\,633{,}93}{28\,404{,}7} = 357{,}22 \, \text{DM}$$

betragen.

b) Die jährliche Prämie

Im vorigen Abschnitt haben wir den Einmalbeitrag für eine gemischte Lebensversicherung berechnet. Um nun den jährlichen Beitrag einer gemischten Versicherung zu ermitteln, gehen wir zunächst von einer

Lebensversicherung ganz allgemeiner Art aus. Dabei gilt nach dem Äquivalenzprinzip, daß der Barwert der Leistungen des Versicherers (A_x) dem Barwert der Leistungen des Versicherungsnehmers, also der Beiträge, die er insgesamt für die abgeschlossene Versicherung zu zahlen hat, entsprechen muß.

Gehen wir von der Annahme aus, daß die Prämienzahlungen lebenslänglich erfolgen sollen, so hat der Versicherungsnehmer alljährlich eine Prämie von P_x zu leisten. Diese Zahlungspflicht erlischt erst mit dem Tod des Versicherten. Es ergibt sich somit die Frage, wie hoch der Barwert dieser Beitragsleistungen ist?

Stellen wir uns die jährlichen Leistungen des Versicherungsnehmers als eine lebenslängliche Rente an den Versicherer vor, so ist der Barwert dieser Leibrente a_x. Nach dem Äquivalenzprinzip ist der Barwert der abzuschließenden Versicherung A_x gleich dem Barwert der von dem Versicherungsnehmer insgesamt zu leistenden Beiträge $P_x \cdot a_x$. Formelmäßig ausgedrückt bedeutet das

$$P_x \cdot a_x = A_x$$

hieraus folgt:

$$P_x = \frac{A_x}{a_x}.$$

In der Praxis erfolgen die Prämienzahlungen aber meist nicht lebenslänglich, sondern sind auf eine gewisse Dauer begrenzt. Wir brauchen also den Barwert einer Leibrente, die nicht lebenslänglich, sondern nur für eine bestimmte Zeit (n Jahre) zu zahlen ist. Dieser Barwert hat allgemein die Bezeichnung $a_{x,\overline{n}|}$. Bei seiner Berechnung gehen wir von l_x Personen aus, die n Jahre lang die Leistung von 1,— DM bekommen und erhalten:

$$l_x \cdot a_{x,\overline{n}|} = l_x + l_{x+1} \cdot v + l_{x+2} \cdot v^2 + \ldots + l_{x+n-1} \cdot v^{n-1}$$

oder

$$D_x \cdot a_{n,x|} = D_x + D_{x+1} + D_{x+2} + \ldots + D_{x+n-1}$$

Durch entsprechende Umformung dieses Wertes ergibt sich schließlich

$$a_{x,\overline{n}|} = \frac{N_x - N_{x+n}}{D_x}$$

Wenden wir dieses Ergebnis auf die gemischte Versicherung an, so bekommen wir

$$P_{x,\overline{n}|} = \frac{A_{x,\overline{n}|}}{a_{x,\overline{n}|}}$$

oder

$$P_{x,\overline{n}|} = \frac{M_x - M_{x+n} + D_{x+n}}{N_x - N_{x+n}}$$

Für unser Zahlenbeispiel würde sich somit ergeben:

$$P_{30,\overline{35}|} = \frac{8\,348{,}129 - 3\,835{,}205 + 5\,633{,}93}{593\,100{,}1 - 53\,190{,}86} = 0{,}018794$$

d. h. für je 1000,— DM Versicherungssumme beträgt die Jahresprämie DM 18,79.

c) Der Bruttobeitrag der gemischten Versicherung

Bei der bisherigen Berechnung der Versicherungsprämie sind wir, wegen des leichteren Verständnisses, zunächst von der Voraussetzung ausgegangen, daß die Leistung des Versicherers lediglich in der Auszahlung der versicherten Summe besteht. Wir haben aber bereits in unseren theoretischen Ausführungen darauf hingewiesen, daß diese Annahme den tatsächlichen Verhältnissen nicht gerecht wird und müssen deshalb bei der Berechnung der Bruttoprämie die Erwerbs-, Inkasso- und Verwaltungs-Kosten mit berücksichtigen.

Bei den nachstehenden Betrachtungen gehen wir davon aus, daß der Versicherer für seine Kosten folgende Beträge in die Versicherungsprämie einkalkuliert:

Erwerbskosten einmalig 35 $^0/_{00}$,

Inkassokosten jährlich 5 v. H. des Jahresbeitrages,

Verwaltungskosten jährlich 4 $^0/_{00}$ der Versicherungssumme.

Wird nun im Zeitpunkt X eine Versicherung für die Dauer von n Jahren abgeschlossen, so bezeichnet man den zu errechnenden jährlichen Bruttobeitrag mit $B_{x,\overline{n}|}$. Der Barwert dieser Zahlungsverpflichtung ist dann $B_{x,\overline{n}|} \cdot a_{x,\overline{n}|}$.

Nimmt man die Versicherungssumme, welche beim Tod des Versicherten, spätestens nach n Jahren zu zahlen ist mit 1 an, so hat der Versicherer folgende Leistungen zu erbringen (berechnet auf den Versicherungsbeginn):

1. Den Barwert der Versicherung $A_{x,\overline{n}|}$ bei Eintritt des Versicherungsfalles,

2. Die Erwerbskosten mit 35 $^0/_{00}$ von 1, also 0,035 bei Vertragsabschluß,

3. Die Inkassokosten mit $0{,}05 \cdot B_{x,\overline{n}|}$ jährlich,
   insgesamt also $0{,}05 \cdot B_{x,\overline{n}|} \cdot a_{x,\overline{n}|}$ und

4. Die Verwaltungskosten mit 0,004 jährlich, für die gesamte Versicherungsdauer somit $0{,}004 \cdot a_{x,\overline{n}|}$.

Nach dem Äquivalenzprinzip ist daher:

$$B_{x,\overline{n}|} \cdot a_{x,\overline{n}|} = A_{x,\overline{n}|} + 0{,}035 + 0{,}004 \cdot a_{x,\overline{n}|} + 0{,}05\, B_{x,\overline{n}|} \cdot a_{x,\overline{n}|};$$

oder

$$0,95\,B_{x,\overline{n}|} \cdot a_{x,\overline{n}|} = A_{x,\overline{n}|} + 0,035 + 0,004 \cdot a_{x,\overline{n}|}$$

und somit

$$B_{x,\overline{n}|} = \frac{A_{x,\overline{n}|} + 0,035 + 0,004 \cdot a_{x,\overline{n}|}}{0,95 \cdot a_{x,\overline{n}|}}$$

Setzen wir in diese Gleichung die Werte unseres bisherigen Beispiels ein, so ergibt sich:

$$B_{30,\,\overline{35}|} = \frac{0,35722 + 0,0035 + 0,004 \cdot 19,0077}{0,95 \cdot 19,0077} = 0,024192.$$

Der jährliche Bruttobeitrag für je 1000,— DM Versicherungssumme beläuft sich also auf DM 24,19.

d) Das Deckungskapital der gemischten Versicherung

Bei der Ermittlung des Deckungskapitals gehen wir von 1000 Personen aus, die im Alter von 30 Jahren bei einer Versicherungsgesellschaft zum gleichen Zeitpunkt eine gemischte Versicherung auf das Endalter 65 Jahre abgeschlossen haben. Die jährliche Nettoprämie hierfür würde nach unserer vorstehenden Berechnung DM 18,79 betragen.

Betrachten wir nun den Verlauf des ersten Versicherungsjahres, so ist zunächst von 1000 Versicherungsnehmern die Prämie von DM 18,79 pünktlich zu begleichen. Der Versicherer verfügt also zu Beginn des Versicherungsjahres über den Gesamtbetrag von DM 18 790,—. Da wir unterstellen, daß die Sterbefälle erst zum Schluß des jeweiligen Versicherungsjahres eintreten, kann der Versicherer die vereinnahmten Prämien verzinslich anlegen. Gehen wir hierbei, wie bei der Prämienberechnung von einer $3\,^1/_2$prozentigen Verzinsung aus, so verfügt der Versicherer zum Schluß des ersten Versicherungsjahres über einen Betrag von DM 19 447,65.

Am Ende des Jahres treten nun die Sterbefälle ein. Sie betragen nach der bisher zugrunde gelegten ADT 1924/26: 4,05 %₀, d. h. von den anfangs vorhandenen 1000 Versicherten scheiden 4,05 Personen durch Tod aus. Die Versicherungsgesellschaft muß somit DM 4050,— Versicherungssummen ausbezahlen. Ihr verbleibt also noch ein Prämienrest von DM 15 397,65. Davon entfällt auf jeden der 995,95 Überlebenden ein Betrag von DM 15,46.

Im zweiten Versicherungsjahr sind die Überlebenden inzwischen 31 Jahre alt geworden. Sie haben aus ihren Verträgen Anspruch auf Zahlung einer Versicherungssumme von DM 1000,— bei Tod, spätestens bei Erreichung des 65. Lebensjahres. Will der Versicherer diesen Anspruch bewerten, so geht er von folgender Überlegung aus: Bestünde für die Überlebenden noch kein Versicherungsvertrag, so könnten sie den

Versicherungsanspruch durch Zahlung eines Einmalbeitrages für eine gemischte Versicherung mit dem Eintrittsalter 31 und der Dauer 34 Jahre erwerben. Dieser Einmalbeitrag entspricht aber genau dem Wert der Leistungsverpflichtung unseres Versicherers, und bestimmt sich nach der Formel:

$$A_{x,\overline{n}|} = \frac{M_x - M_{x+n} + D_{x+n}}{D_x} \qquad \text{(wobei } x = 31 \text{ und } n = 34\text{)},$$

es ergibt sich somit

$$A_{31,\overline{34}|} = \frac{8\,237{,}287 - 3\,835{,}205 + 5\,633{,}93}{27\,333{,}3} = 367{,}17 \text{ DM.}$$

Andererseits hat jeder Überlebende noch eine Beitragszahlungsverpflichtung. Sie endet mit dem Tod des Versicherten, spätestens bei Erreichung des 65. Lebensjahres. Diese Verpflichtung ist mit einer Rente, die für die Dauer des Lebens des Versicherten, längstens aber 34 Jahre läuft, vergleichbar.

Ihr Barwert für die Leistung 1

$$a_{x,\overline{n}|} = \frac{N_x - N_{x+n}}{D_x}$$

ergibt sich zahlenmäßig zu

$$a_{31,\overline{34}|} = \frac{564\,695{,}4 - 53\,190{,}86}{27\,333{,}3} = 18{,}713$$

Für die Jahresprämie ist der Barwert $P_{x,\overline{n}|} \cdot a_{x,\overline{n}|}$ dann in vorliegendem Fall

$$18{,}794 \times 18{,}713 = \text{DM } 351{,}71.$$

Der Leistungspflicht des Versicherers in Höhe von DM 367,17 steht somit ein Prämienanspruch von DM 351,71 gegenüber. Der Unterschied zwischen den beiden Beträgen entspricht aber genau der Summe von DM 15,46, die der Versicherer nach unseren eingangs angestellten Überlegungen am Ende des ersten Versicherungsjahres übrig behalten hatte, und die mit dem Nettodeckungskapital des einzelnen Versicherungsvertrages identisch ist.

Somit können wir festhalten, daß das Deckungskapital auf eine zweifache Art errechnet werden kann. Nach der retrospektiven Methode wird es, gleichsam rückblickend auf die Vergangenheit, als Differenz zwischen dem versicherungstechnischen Endwert der dem Versicherer zufließenden Prämien und dem versicherungstechnischen Endwert der rechnungsmäßigen Ausgaben ermittelt.

Die prospektive Methode dagegen betrachtet die Verhältnisse in zukünftiger Sicht und erhält das Deckungskapital als Differenz zwischen dem versicherungstechnischen Kapitalwert der künftigen Ausgaben des Versicherers und dem versicherungstechnischen Kapitalwert der Beiträge, die ihm voraussichtlich noch zufließen werden[68].

In der formelmäßigen Darstellung bezeichnen wir das Deckungskapital mit V. Unter n soll die Laufzeit der Versicherung und unter t die bis zum Berechnungsstichtag abgelaufene Beitragszahlungsdauer verstanden werden. Unter $_tV_x$ verstehen wir somit das Deckungskapital für eine von einem x-jährigen abgeschlossene Lebensversicherung nach Ablauf von t Jahren.

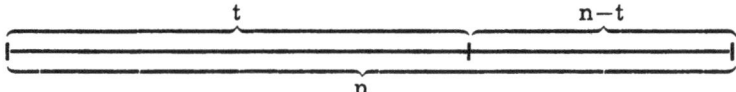

Es ergibt sich dann bei der retrospektiven Methode das Deckungskapital für die nach t Jahren noch vorhandenen D_{x+t} Personen als

$$D_{x+t} \cdot {}_tV_x = P(D_x + D_{x+1} + \ldots + D_{x+t-1}) - (C_x + C_{x+1} + C_{x+2} + \ldots + C_{x+t-1})$$

oder, wenn wir für die Summen der D_x-Werte die N_x-Werte und für die C_x-Werte die M_x-Werte einführen

$$D_{x+t} \cdot {}_tV_x = P_x (N_x - N_{x+t}) - (M_x - M_{x+t}).$$

Das Deckungskapital für den einzelnen Versicherungsvertrag ist daher:

$${}_tV_x = P_x \frac{N_x - N_{x+t}}{D_{x+t}} - \frac{M_x - M_{x+t}}{D_{x+t}} \qquad \text{69)}$$

In der Praxis wird für die Berechnung des Deckungskapitals die prospektive Methode bevorzugt. In allgemeiner Form ergibt sich das Deckungskapital hier als

$${}_tV_x = A_{x+t,\overline{n-t}|} - P_x \cdot a_{x+t,\overline{n-t}|} = \frac{M_{x+t} - M_{x+n} + D_{x+n}}{D_{x+t}} -$$

$$\frac{(M_x - M_{x+n} + D_{x+n})(N_{x+t} - N_{x+n})}{(N_x - N_{x+n}) \cdot D_{x+t}}$$

Im Ergebnis einfacher, jedoch schwieriger abzuleiten ist der Wert:

$${}_tV_x = 1 - \frac{(N_{x+t} - N_{x+n}) \cdot D_x}{D_{x+t} \cdot (N_x - N_{x+n})},$$

[68] Vgl. *Falter-Hoffmann*: Prämienreserve. In: Finke, E.: HdV, a. a. O., Sp. 1624; *Manes*, A.: Versicherungslexikon, a. a. O., Sp. 1182 ff.; *Saxer*, W.: Versicherungsmathematik, I. Teil, Berlin-Göttingen-Heidelberg 1955, S. 6.

[69] Vgl. *Tosberg*, A.: Die Technik der Lebensversicherung, 5. Aufl., Berlin-Dahlem 1957, S. 37.

ihn gewinnt man, indem man

$$A_{x,\overline{n}|} = 1 - iv \cdot a_{x,\overline{n}|}, \quad \text{und entsprechend}$$

$$A_{x+t,\overline{n-t}|} = 1 - iv \cdot a_{x+t,\overline{n-t}|} \quad \text{setzt,}$$

wobei iv den Aufzinsungsfaktor darstellt. Dann ergibt sich:

$$_tV_x = 1 - iv \cdot a_{x+t,\overline{n-t}|} - \frac{1 - iv \cdot a_{x,\overline{n}|}}{a_{x,\overline{n}|}}$$

$$= 1 - iv \cdot a_{x+t,\overline{n-t}|} - \left(\frac{1}{a_{x,\overline{n}|}} - iv\right)$$

$$= 1 - iv \cdot a_{x+t,\overline{n-t}|} - \frac{a_{x+t.\overline{n-t}|}}{a_{x,\overline{n}|}} + iv \cdot a_{x+t,\overline{n-t}|}$$

$$= 1 - \frac{a_{x+t,\overline{n-t}|}}{a_{x,\overline{n}|}}$$

$$= 1 - \frac{(N_{x+t} - N_{x+n}) \cdot D_x}{D_{x+t}(N_x - N_{x+n})}. \qquad \text{70)}$$

e) Das gezillmerte Deckungskapital

Bei den vorstehenden Darlegungen über das Deckungskapital wurden auf der Ausgabenseite nur die reinen Versicherungsleistungen in Betracht gezogen. Wir haben jedoch bereits mehrfach darauf hingewiesen, daß dem Versicherer noch andere Ausgaben entstehen, insbesondere die Erwerbskosten, die er ja gewissermaßen bevorschußt hat und die ihm erst mit der Prämie in kleinen Raten zurückgezahlt werden. Bei genauer Berechnung des Deckungskapitals müssen deshalb die Erwerbskosten und Tilgungsraten mit Berücksichtigung finden. Nach dem Mathematiker Zillmer, der dieses Verfahren eingeführt hat, spricht man dann von gezillmertem Deckungskapital.

Bezeichnet man die Erwerbskosten mit E und ihre jährliche Tilgungsrate mit T, so ergibt sich nach t Jahren für das gezillmerte Deckungskapital

$$_tV_x^z = A_{x+t,\overline{n-t}|} - P_x \cdot a_{x+t,\overline{n-t}|} - T_x \cdot a_{x+t,\overline{n-t}|}$$

Setzen wir für $T_x = \dfrac{E}{a_{x,\overline{n}|}}$, so folgt:

$$_tV_x^z = A_{x+t,\overline{n-t}|} - P_x \cdot a_{x+t,\overline{n-t}|} - E \cdot \frac{a_{x+t,\overline{n-t}|}}{a_{x,\overline{n}|}}$$

oder

---

70 Vgl. *Tosberg*, A.: Die Technik der Lebensversicherung, a. a. O., S. 38 ff.

$$_tV_x^z = {}_tV_x - E \cdot \frac{a_{x+t,\overline{n-t|}}}{a_{x,\overline{n}|}} \,.$$

Da aber

$$_tV_x = 1 - \frac{a_{x+t,\overline{n-t|}}}{a_{x,\overline{n}|}} \,,$$

oder

$$1 - {}_tV_x = \frac{a_{x+t,\overline{n-t|}}}{a_{x,\overline{n}|}} \,,$$

ist

$$E \cdot \frac{a_{x+t,\overline{n-t|}}}{a_{x,\overline{n}|}} = E\,(1 - {}_tV_x) \,.$$

Setzen wir den gefundenen Wert in unsere obige Gleichung ein, so ergibt sich

$$_tV_x^z = {}_tV_x - E\,(1 - {}_tV_x)$$

oder

$$_tV_x^z = {}_tV_x\,(1 + E) - E \,.$$

Nach einer Verordnung des Reichsaufsichtsamtes für Privatversicherung[71] dürfen die Erwerbskosten, im allgemeinen „Zillmersatz" genannt, nur bis zu 35 $^o/_{oo}$ in Ansatz gebracht werden. Gehen wir von diesem Wert aus, so ist

$$_tV_x^z = {}_tV_x\,(1 + 0,035) - 0,035 \qquad \text{[72]}$$

$$= {}_tV_x \cdot 1,035 - 0,035 \,,$$

das heißt, das gezillmerte Deckungskapital ist gleich dem Nettodeckungskapital multipliziert mit 1 plus dem Zillmersatz abzüglich Zillmersatz mal Versicherungssumme[73].

Auf unser bisheriges Beispiel übertragen bedeutet das:

$$_1V_{30}^z = {}_1V_{39} \cdot 1,035 - 35$$

$$= 15,46 \cdot 1,035 - 35$$

$$= 17,0011 - 35,00$$

$$= -18,00$$

d. h. das gezillmerte Deckungskapital einer gemischten Lebensversicherung bei Eintrittsalter 30 und Endalter 65 Jahre hat nach einem Versicherungsjahr den negativen Wert von 18,— DM.

---

71 VerAfP 1929, S. 103.

72 0,035 = 35 v. T. der Versicherungssumme.

73 Vgl. *Tosberg*, A.: Die Technik der Lebensversicherung, a. a. O., S. 41 ff.

f) Der Rückkaufswert

Wir haben bereits früher darauf hingewiesen, daß das gezillmerte Deckungskapital durchgängig die Grundlage für die Berechnung des Rückkaufswertes einer Versicherung bildet, denn es ist derjenige Geldbetrag, der aus den eingezahlten Versicherungsbeiträgen nach Abzug der eingerechneten Kostenzuschläge, der Risikobeiträge und der noch nicht getilgten Abschlußkosten dem Versicherer verblieben ist. Wird die Versicherung durch Kündigung beendet, so liegt es deshalb nahe, das gezillmerte Deckungskapital als den Wert der Versicherung an den Versicherungsnehmer herauszugeben. Wie unsere Aufstellung über die Rückvergütung nach den ALVB bei den in der Bundesrepublik Deutschland und in Westberlin arbeitenden Lebensversicherungsgesellschaften[74] jedoch zeigt, erstattet nur eine kleine Anzahl von Versicherern das volle rechnungsmäßige Deckungskapital. Die Mehrzahl dagegen macht von dem ihnen nach § 176 Abs. 4 S. 1 VVG zustehenden Recht eines angemessenen Abzuges vom Deckungskapital Gebrauch[75]. Damit sinkt der Rückkaufswert unter den Wert des gezillmerten Deckungskapitals, wird aber meist als prozentualer Anteil am gezillmerten Deckungskapital dargestellt. Häufig ist der Abzug auf 5 v. H. des gezillmerten Deckungskapitals festgesetzt. Nehmen wir an, ein Versicherer würde dementsprechend verfahren, so wäre der auszuzahlende Wert der Versicherung formelmäßig

$$0{,}95 \cdot {}_t V_x^z$$

oder

$$RW = 0{,}95 \left({}_t V_x \left(1 + E\right) - E \right).$$

6. Tabelle der Rückvergütungswerte

Um einer in weiten Kreisen der Versicherungsnehmer herrschenden Unklarheit über den Begriff des Deckungskapitals entgegenzuwirken, hat das Reichsaufsichtsamt 1932[76] die Aufnahme einer Tabelle der Umwandlungs- und Rückkaufswerte in den Versicherungsschein angeordnet. Es stützte sein Verlangen dabei auf § 8 Abs. 1 Nr. 2 VAG, wonach beim Fehlen der Tabelle die Belange der Versicherten nicht ausreichend gewahrt sind. Diese Tabelle hat dem Versicherungsnehmer schon zu Beginn der Versicherung ein konkretes, ziffernmäßiges Bild über die Höhe des Rückkaufswertes verschafft.

Durch die Währungsumstellung vom 21. 6. 1948 wurden die Ansprüche aus Lebensversicherungen abgewertet (§ 24 UmstG i. V. m. der 3. Durchführungsverordnung zum 3. Gesetz zur Neuordnung des Geldwesens).

---

[74] Siehe S. 75 ff.

[75] Vgl. hierzu unsere Ausführungen in dem Abschnitt: Kritische Würdigung der Rechtfertigungsgründe für den Abzug, S. 74.

[76] VerAfP 1932, S. 123.

Hierdurch ergaben sich für die einzelnen Versicherungsverträge sehr unterschiedliche Rückkaufswerte. Es wäre deshalb notwendig geworden, für jede vor der Währungsreform abgeschlossene Lebensversicherung eine gesonderte Tabelle zu erstellen. Da dies den Versicherungsunternehmungen arbeitsmäßig nicht zumutbar war, verzichtete das Bundesaufsichtsamt vorläufig auf die Einhaltung seiner früheren Anordnung. Im Jahre 1960 wurde auf einer Sitzung des Bundesaufsichtsamtes die Wiederaufnahme einer Tabelle der Umwandlungs- und Rückkaufswerte in den Versicherungsschein diskutiert[77] und dürfte in Kürze wieder allgemeinverbindlich zu erwarten sein. Ein Großteil der Versicherer ist bereits im eigenen Interesse dazu übergegangen, in den Allgemeinen Lebensversicherungsbedingungen oder im Versicherungsschein die Rückkaufswerte wieder zu veröffentlichen, um ihre Verwaltung von der Beantwortung der zahlreichen Anfragen nach der Höhe des Rückkaufswertes zu entlasten.

Die Tabellen der Rückvergütungswerte werden von den einzelnen Versicherungsunternehmen nach ihren Rechnungsgrundlagen ermittelt und bedürfen jeweils der Genehmigung durch das Bundesaufsichtsamt. Da der Prämienrückkauf einer Versicherung meist auch zu einem innerhalb des Versicherungsjahres liegenden Zeitpunkt möglich ist, können die veröffentlichten Tabellen selbstverständlich nicht alle Werte enthalten, sondern müssen sich auf bestimmte Stichtage beschränken. Dabei hat eine Untersuchung zahlreicher Lebensversicherungsunternehmungen gezeigt, daß die Rückvergütungswerte sehr häufig für Zeitabschnitte von jeweils 5 Jahren angegeben werden. Doch auch Intervalle von kürzerer oder längerer Dauer sind mitunter festzustellen. Der Versicherungsnehmer muß aber in jedem Fall in der Lage sein, an Hand der angeführten Werte den für ihn in Frage kommenden Betrag einigermaßen zutreffend zu schätzen.

Für den Versicherer sind die Werte einer Rückvergütungstabelle verbindlich. Will er sich jedoch für den Fall einer späteren Änderung seiner Rechnungsgrundlagen das Recht vorbehalten, die neuen Grundlagen auch auf die Berechnung der Rückkaufswerte anzuwenden, so muß er dies ausdrücklich erklären. Ebenso muß der Versicherer, sofern er nicht einen entsprechenden Vorbehalt gemacht hat, die Werte der Tabelle auch für solche Versicherte gelten lassen, bei denen er geschäftsplanmäßig einen besonderen Risikozuschlag erhebt.

Zur Veranschaulichung möge hier die Rückvergütungstabelle der Nürnberger Lebensversicherung AG nach Tarif 4 r dienen, welche bei Allgemeinen Lebensversicherungsbedingungen abgedruckt ist. Hiernach beträgt die Rückvergütung für je 1000,— DM Versicherungssumme:

---

[77] Auskunft des Bundesaufsichtsamtes für das Versicherungs- und Bausparwesen, Berlin.

8 Ziegler

2. Kapitel: Die Rückvergütung

wenn seit Beginn der Versicherung

bei einer V.-dauer von Jahren	2	5	10	15	20	25	30	35	40	45	50	55	60	65
10	140	420	1000											
15	70	240	560	1000										
20	40	160	380	650	1000									
25	20	100	270	460	700	1000								
30	5	70	200	350	520	730	1000							
35	5	40	140	260	400	560	750	1000						
40	5	25	100	200	300	440	590	770	1000					
45	5	15	80	150	240	350	470	610	780	1000				
50	5	10	60	130	200	300	400	510	640	790	1000			
55	5	10	50	110	180	260	350	450	550	670	800	1000		
60	5	10	45	100	170	240	320	410	510	610	710	820	1000	
65	5	10	45	100	160	230	310	400	490	580	670	750	840	1000

Jahre vergangen sind

Für eine exakte Ermittlung des Rückkaufswertes reichen die veröffentlichten Tabellen meist nicht aus. Um aber den genauen Wert beim Prämienrückkauf nicht in jedem Einzelfall versicherungsmathematisch ermitteln zu müssen, haben zahlreiche Versicherungsunternehmen für diesen Zweck ausführlichere Tabellen geschaffen, die auch eine Berechnung der Rückvergütung innerhalb des Versicherungsjahres ermöglichen. Zur Veröffentlichung sind diese Tabellen allein wegen ihres Umfanges ungeeignet. Sie enthalten die Rückvergütungswerte nach t abgelaufenen Versicherungsjahren bei einem Rechnungszinsfuß von 3 v. H. über je DM 1000,— Versicherungssumme. Dabei bedeuten die Zahlen über den einzelnen Spalten das Eintrittsalter. Die rechte vom Rückkaufswert mit einer Dezimale nach dem Komma angeführte Zahl gibt den monatlichen Zuwachs des Rückkaufswertes in $^0/_{00}$ der Versicherungssumme zwischen zwei vollen Versicherungsjahren an. Als Beispiel sei hier die Rückvergütungstabelle einer gemischten Versicherung von 10-jähriger Dauer angeführt:

t	bis 51		52 — 58		59 — 62		63 — 65	
1	53	7,6	51	7,4	49	7,1	47	7,1
2	144	7,8	140	7,6	134	7,6	132	7,2
3	238	8,1	231	8,0	225	7,7	219	7,6
4	335	8,3	327	8,2	318	8,2	310	8,0
5	435	8,7	426	8,6	416	8,5	406	8,4
6	540	9,0	529	9,0	518	9,0	507	9,0
7	648	9,3	637	9,5	626	9,6	615	9,7
8	760	9,8	751	10,1	741	10,3	731	10,7
9	878	10,2	872	10,7	865	11,2	859	11,7
10	1000		1000		1000		1000	

Soll hiernach bei einer gemischten Versicherung über DM 9000,— Versicherungssumme mit 10jähriger Dauer und einem Eintrittsalter von 55 Jahren der Rückkaufswert für die abgelaufene Dauer von $t = 5$ Jahren $+$ 9 Monaten festgesetzt werden, so ist die Berechnung folgende:

Rückkaufswert nach 5 Jahren = ... 426,00 ‰
Zuwachs für 9 Monate 8,6 × 9 = ... 77,40 ‰
Rückvergütung nach 5 Jahren, 9 Monaten = ... 503,40 ‰

Rückvergütung für DM 9000,— Versicherungssumme = ... DM 4530,60
auf volle DM aufgerundet = ... DM 4531,00.

Der sich für die ganze Versicherungssumme ergebende Rückkaufswert ist auf volle DM auf- bzw. abzurunden. Aufzurunden ist bei Pfennigbeträgen von mehr als DM 0,50. Negative Rückkaufswerte sind gleich Null zu setzen.

Für Versicherungen über DM 30 000,— Versicherungssumme sind diese Tabellen nicht anzuwenden; vielmehr sind die Rückkaufswerte hier in jedem Einzelfall versicherungsmathematisch zu ermitteln.

7. Vergleich der geldwerten Leistungen bei vorzeitigem Rückkauf

Bei einem Vergleich der Rückvergütungswerte mit den eingezahlten Prämien muß, wie vorstehende Arbeit zeigte, berücksichtigt werden, daß ein Teil der geleisteten Prämien geschäftsplanmäßig zur Bestreitung der eingetretenen Sterbefälle und der Kosten der Verwaltung verbraucht wurde. Vor allem die Abschlußkosten bewirken, wie unsere versicherungsmathematischen Ausführungen bewiesen, daß das Deckungskapital und somit auch der Rückkaufswert am Anfang der Versicherungsdauer verhältnismäßig niedrig, unter Umständen gleich Null ist. Andererseits dürfen bei einem Vergleich der geldwerten Leistungen bei vorzeitigem Rückkauf die dem Versicherungsnehmer neben der Rückvergütung zustehenden Dividendenguthaben nicht außer acht gelassen werden. Sie erhöhen die Gesamtleistung des Versicherers ganz beträchtlich und bewirken, wie die nachfolgenden Zahlenbeispiele beweisen, daß der Versicherungsnehmer, trotz der Risikotragung durch den Versicherer etwa nach der halben Laufzeit der Versicherung das von ihm einbezahlte Kapital zurückerhält. Um hierbei zufällige Ergebnisse auszuschalten, haben wir Versicherungen mit verschiedener Laufzeit und unterschiedlichem Eintrittsalter untersucht.

1. Gemischte Versicherung, Eintrittsalter 35, Endalter 45 Jahre

Zurück-gel.Lauf-zeit in Jahren	Einbe-zahlte Bei-träge des VN pro 1000 DM VSe:	Rückkaufswert pro 1000 DM Versicherungssumme		Dividendenguth. bei verz. Ansammlung d. Gewinnanteile (Zinssatz 5 %)		Gesamtleistung des Versicherers	
		in DM	in vH der Leistung des VN:	in DM	in vH der Leistung des VN:	in DM	in vH der Leistung des VN:
1	96,—	0,—	0,00	0,—	0,00	0,—	0,00
2	192,—	140,—	72,92	0,—	0,00	140,—	72,92
3	288,—	233,—	80,90	15,12	5,25	248,12	86,15
4	384,—	327,—	85,16	33,01	8,59	360,01	93,75
5	480,—	420,—	87,50	53,82	11,22	473,82	98,72
6	576,—	536,—	93,06	77,67	13,48	613,67	106,54
7	672,—	652,—	97,02	104,74	15,59	756,74	112,61
8	768,—	768,—	100,00	135,17	17,60	903,17	117,60
9	864,—	884,—	102,32	169,15	19,57	1053,15	121,89
10	960,—	1000,—	104,17	226,88	23,63	1226,88	127,80

2. Gemischte Versicherung, Eintrittsalter 40, Endalter 60 Jahre

Zurück-gel.Lauf-zeit in Jahren	Einbe-zahlte Bei-träge des VN pro 1000 DM VSe:	Rückkaufswert pro 1000 DM Versicherungssumme		Dividendenguth. bei verz. Ansammlung d. Gewinnanteile (Zinssatz 5 %)		Gesamtleistung des Versicherers	
		in DM	in vH der Leistung des VN:	in DM	in vH der Leistung des VN:	in DM	in vH der Leistung des VN:
1	48,90	0,—	0,00	0,—	0,00	0,—	0,00
2	97,80	40,—	40,90	0,—	0,00	40,—	40,90
3	146,70	80,—	54,53	7,70	5,25	87,70	59,78
4	195,60	120,—	61,35	16,82	8,60	136,82	69,95
5	244,50	160,—	65,44	27,41	11,21	187,41	76,65
6	293,40	204,—	69,53	43,57	14,85	247,57	84,38
7	342,30	248,—	72,45	53,35	15,59	301,35	88,04
8	391,20	292,—	74,64	68,85	17,60	360,85	92,24
9	440,10	336,—	76,19	86,16	19,73	422,16	95,92
10	489,—	380,—	77,71	105,38	21,55	485,38	99,26
11	537,90	434,—	80,68	126,55	23,53	560,55	104,21
12	586,80	488,—	83,16	149,83	25,54	637,83	108,70
13	635,70	542,—	85,26	175,26	27,57	717,26	112,83
14	684,60	596,—	87,06	203,03	29,66	799,03	116,72
15	735,30	650,—	88,62	233,20	31,79	883,20	120,41
16	782,40	720,—	92,03	265,92	33,98	985,92	126,01
17	831,30	790,—	95,03	301,32	36,25	1091,32	131,28
18	880,20	860,—	97,71	339,46	38,56	1199,46	136,27
19	929,10	930,—	100,10	380,59	40,96	1310,59	141,06
20	978,—	1000,—	102,25	484,75	49,57	1484,75	151,82

3. Gemischte Versicherung, Eintrittsalter 30, Endalter 65 Jahre

Zurück-gel.Lauf-zeit in Jahren	Einbe-zahlte Bei-träge des VN pro 1000 DM VSe:	Rückkaufswert pro 1000 DM Versicherungssumme		Dividenduguth. bei verz. Ansammlung d. Gewinnanteile (Zinssatz 5 %)		Gesamtleistung des Versicherers	
		in DM	in vH der Leistung des VN:	in DM	in vH der Leistung des VN:	in DM	in vH der Leistung des VN:
1	26,90	0,—	0,00	0,—	0,00	0,—	0,00
2	53,80	5,—	9,29	0,—	0,00	5,—	9,29
3	80,70	17,—	21,07	4,24	5,25	21,24	26,32
4	107,60	28,—	26,02	9,25	8,59	37,25	34,61
5	134,50	40,—	29,74	15,08	11,21	55,08	40,95
6	161,40	60,—	37,17	21,76	13,49	81,76	50,66
7	188,30	80,—	42,49	29,35	15,58	109,35	58,07
8	215,20	100,—	46,47	37,88	17,60	137,88	64,07
9	242,10	120,—	49,57	47,40	19,57	167,40	69,14
10	269,—	140,—	52,05	57,97	21,54	197,97	73,59
11	295,90	164,—	55,42	69,62	23,53	233,62	78,95
12	322,80	188,—	58,24	82,42	25,53	270,42	83,77
13	349,70	212,—	60,62	96,41	27,57	208,41	88,19
14	376,60	236,—	62,67	111,69	29,65	347,69	92,32
15	403,50	260,—	64,44	128,29	31,79	388,29	96,23
16	430,40	288,—	66,91	146,28	33,99	434,28	100,90
17	457,30	316,—	69,10	165,76	36,25	481,76	105,35
18	484,20	344,—	71,05	186,74	38,56	530,74	109,61
19	511,10	372,—	72,78	209,36	40,97	581,36	113,75
20	538,—	400,—	74,35	233,65	43,43	633,65	117,78
21	564,90	432,—	76,47	259,75	45,99	691,75	122,46
22	591,80	464,—	78,41	287,83	48,63	751,83	127,04
23	618,70	496,—	80,17	317,69	51,35	813,69	131,52
24	645,60	528,—	81,78	349,70	54,17	877,70	135,95
25	672,50	560,—	83,27	383,86	57,08	943,86	140,35
26	699,40	598,—	85,50	420,18	60,08	1018,18	145,58
27	726,30	636,—	87,57	458,91	63,18	1094,91	150,75
28	753,20	674,—	89,49	500,34	66,42	1174,34	155,91
29	780,10	712,—	91,27	544,18	69,76	1256,18	161,03
30	807,—	750,—	92,94	590,99	73,23	1340,99	166,17
31	833,90	800,—	95,94	640,49	76,80	1440,49	172,74
32	860,80	850,—	98,75	693,21	80,53	1543,21	179,28
33	887,70	900,—	101,39	748,90	84,36	1648,90	185,75
34	914,60	950,—	103,87	808,34	88,38	1758,34	192,25
35	941,50	1000,—	106,21	991,02	105,26	1991,02	211,47

VI. Die Fälligkeit der Rückvergütung

1. Die Auszahlung der Rückvergütung

Die Rückvergütung ist vom Versicherer in dem Zeitpunkt herauszu-geben, zu dem die Kündigung erfolgte. Das ist nach § 165 VVG der Schluß der laufenden Versicherungsperiode, und zwar ohne Unterschied, ob laufende Prämien oder eine einmalige Prämie entrichtet wurden.

Sondervereinbarungen über einen beliebigen anderen Zeitpunkt sind jedoch zulässig, soweit sie sich nicht zum Nachteil des Versicherungsnehmers auswirken (§ 178 Abs. 1 VVG). Eine solche Sondervereinbarung stellt § 6 Abs. 1 ALVB a. F. dar, wonach die Rückvergütung innerhalb des Versicherungsjahres mit Frist von drei Monaten auf den Monatsschluß herausverlangt werden kann[1].

Vor dem Zeitpunkt des Wirksamwerdens der Kündigung ist der Versicherer nicht verpflichtet, die Rückvergütung auszuzahlen. Er bleibt vielmehr trotz des demnächst fällig werdenden Rückkaufsanspruches befugt, von dem Prämienschuldner die Bezahlung aller bis zu dem Fälligkeitstag der Rückvergütung noch geschuldeten Prämien, Zinsen und Kosten zu verlangen. Der Versicherungsnehmer kann gegen diese Forderung nicht mit seinem noch nicht fälligen Rückvergütungsanspruch aufrechnen (§ 387 BGB). Dagegen kann der Versicherer die fällige Rückvergütung um etwa vorhandene Zahlungsrückstände des Versicherungsnehmers kürzen, da sich zu diesem Zeitpunkt dann beide Forderungen aufrechenbar gegenüberstehen[2].

2. Das Zahlungsverbot durch das Aufsichtsamt

Das Bundesaufsichtsamt für das Versicherungs- und Bausparwesen kann die Auszahlung von Rückvergütungen zeitweilig verbieten, wenn der Versicherer für die Dauer nicht mehr imstande ist, seine Verpflichtungen zu erfüllen, „die Vermeidung des Konkurses aber zum Besten der Versicherten geboten erscheint" (§ 89 Abs. 1 VAG). Ob die Vermeidung des Konkurses dem Interesse der Versicherten dient, ist eine Ermessensfrage der Aufsichtsbehörde, die nach § 15 Abs. 2 BVerwGG im Rechtsmittelverfahren nur in Richtung auf einen Mißbrauch oder sachwidrige Erwägungen nachgeprüft werden kann[3]. Da das Zahlungsverbot nach dem ausdrücklichen Willen des Gesetzgebers nur eine vorübergehende Maßnahme darstellen soll, kann es auch nur auf Zeit ausgesprochen werden, ohne daß allerdings der Zeitraum nach Wochen oder Monaten bemessen zu werden braucht. Es genügt, wenn aus dem Zahlungsverbot in irgendeiner Form hervorgeht, daß es sich um eine vorübergehende Maßnahme handelt[4].

Nach dem Wortlaut des § 89 Abs. 1 S. 2 VAG kann der Rückkauf selbst, nicht etwa nur die Auszahlung der Rückvergütung verboten werden.

---

[1] Vgl. *Bruck*, E.: Versicherungsvertrag, a. a. O., Anm. 11 und 12 zu § 165 VVG.

[2] *Bruck-Doerstling:* Das Recht des Lebensversicherungsvertrages, a. a. O., Anm. 18 zu § 6.

[3] RG VerAfP 1938, S. 167, Nr. 3043.

[4] *Prölß*, E.: VAG, Kurz-Kommentar, 4. Aufl., München-Berlin 1963, Anm. 3 zu § 89 VAG.

Dabei bleibt zwar das Kündigungsrecht nach § 165 VVG von dieser Vorschrift unberührt, jedoch treten die Wirkungen der Kündigung hinsichtlich § 176 Abs. 1 VVG während des Zahlungsverbotes nicht ein. Es handelt sich also um eine behördliche Stundung, die das Fälligwerden des Anspruchs und damit den Verzug des Versicherers verhindert. Ein Zahlungsurteil gegen den Versicherer ist daher nicht möglich[5].

Zahlt der Versicherer trotz eines bestehenden Zahlungsverbotes den Rückkaufswert aus, so kann die Aufsichtsbehörde gemäß § 81 Abs. 3 VAG gegen ihn vorgehen, zivilrechtlich ist die Zahlung aber gültig und kann nicht zurückgefordert werden[6].

Für den Versicherungsnehmer ergibt sich aus dem Zahlungsverbot nach ständiger Rechtsprechung[7] die Möglichkeit, seine Versicherung wegen Unsicherwerdens des Versicherers fristlos zu kündigen. In diesem Fall gebührt dem Versicherer die Prämie längstens bis zur Kündigung, auch aufgewendete Kosten sind nicht für eine spätere Zeit zu begleichen[8]. Dieses Recht entfällt, sobald der frühere Zustand der Sicherheit wieder hergestellt ist und das Zahlungsverbot deshalb wieder aufgehoben wird.

3. Die Unvollständigkeit des § 89 VAG

Der Erlaß eines Zahlungsverbotes setzt nach § 89 Abs. 1 1. HS. VAG eine Prüfung der Geschäftsführung und der Vermögenslage des Versicherers durch die Aufsichtsbehörde voraus. Da aber für die Versicherungsunternehmungen bei Verschlechterung ihrer Vermögenslage keine Meldepflicht besteht, wäre es denkbar, daß das Versicherungsaufsichtsamt hiervon erst sehr viel später, nämlich bei der Vorlage des Jahresabschlusses (§ 61 Abs. 3 VAG), Kenntnis erlangt und dann mit dem Erlaß eines Zahlungsverbotes nicht mehr wirksam eingreifen kann.

Nun wird man im allgemeinen annehmen dürfen, daß ein Vermögensverfall nicht von heute auf morgen eintritt, sondern sich zumindest im letzten Jahresabschluß bereits abzeichnet, so daß die Aufsichtsbehörde die Möglichkeit hat, das betreffende Unternehmen genauer zu überwachen. Trotzdem könnten wir uns beispielsweise den Fall vorstellen, daß aus irgendeinem Anlaß plötzlich eine erhebliche Anzahl der Versicherungsverträge gekündigt und die Auszahlung der Rückvergütung verlangt wird, so daß die liquiden Mittel hierzu nicht mehr ausreichen. Versäumt der Vorstand aber, vielleicht weil er der Meinung ist, diese

---

[5] *Prölß, E.:* VAG, Kurz-Kommentar, a. a. O., Anm. 3 zu § 89 VAG unter Bezugnahme auf RG 112, S. 348; RAG JW 1933, S. 796; OLG Stettin VerAfP 1925, S. 185 f. Nr. 1522.

[6] *Prölß, E.:* VAG, Kurz-Kommentar, a. a. O., Anm. 3 zu § 89 VAG.

[7] Vgl. die bei *Prölß, E.:* VVG, Kurz-Kommentar, a. a. O., unter Anm. 8 zu § 13 VVG angeführten Entscheidungen.

[8] *Bruck-Möller:* Kommentar zum VVG, 8. Aufl., 1. Bd., Berlin 1961, Anm. 14 zu § 13 VVG.

Situation ohne staatlichen Eingriff meistern zu können, das Versicherungsaufsichtsamt hiervon rechtzeitig zu unterrichten, so besteht die Gefahr, daß sich der Konkurs nur mehr schwerlich vermeiden läßt. Gerade das sollte aber durch die Bestimmung über das Zahlungsverbot im Interesse der Versicherten vermieden werden.

Wir sind daher der Meinung, daß die Vorschrift des § 89 VAG unvollständig ist. Sie müßte unseres Erachtens zumindest dahingehend ergänzt werden, daß eine Meldepflicht beim Eintritt bestimmter Tatbestände zwingend vorgeschrieben wird. Hinsichtlich der Geltendmachung des Rückkaufes würden wir hier eine Meldepflicht als notwendig erachten, sobald in einem Monat das dreifache Rückkaufsbegehren des gleichen Monates des Vorjahres, oder des vorangegangenen Monates desselben Jahres erreicht ist. Ein zusätzlicher Finanzstatus für den betreffenden Zeitraum würde die Prüfung hinsichtlich der Anwendungsmöglichkeit des § 89 VVG erleichtern und die Aufsichtsbehörde in die Lage versetzen, in jedem Falle rechtzeitig eingreifen zu können.

Von dem dreifachen Rückkaufsbegehren sind wir deshalb ausgegangen, weil einerseits der durchschnittliche prozentuale Abgang durch Rückkauf mit 1,4 v. H. nach den versicherten Summen[9] sehr gering ist und somit ein Rückkauf bis zu 4 v. H. bei dem Versicherer noch keine Liquiditätsschwierigkeiten hervorrufen dürfte. Andererseits aber ist die Schwankungsbreite in den einzelnen Jahren mit 0,3 v. H. sehr gering, so daß es dem Versicherer nicht zumutbar ist, in seinen Finanzplan einen Sicherheitsfaktor einzubauen, der 300 v. H. übersteigt.

VII. Empfänger der Rückvergütung

Die Frage, wer den Rückkaufswert erhält, ist nach den im ersten Kapitel angestellten Untersuchungen über das Kündigungsrecht verhältnismäßig rasch zu beantworten.

Ist das Kündigungs- und Rückkaufsrecht ausdrücklich auf den Zessionar, den Pfandgläubiger oder den unwiderruflich Bezugsberechtigten übertragen oder von dem Pfändungsgläubiger gepfändet, so steht selbstverständlich auch das Deckungskapital den genannten Personen zu, gleichviel ob sie selbst kündigen oder ob der Versicherungsnehmer dies tut.

Ist jedoch über das Kündigungs- und Rückkaufsrecht nichts ausdrückliches gesagt, so gilt folgendes:

1.   Bei der Abtretung ist im Zweifel anzunehmen, daß das Kündigungsrecht und der Rückkaufswert mit abgetreten sind. Daher steht der Rückkaufswert dem Zessionar zu.

---

9 Siehe S. 42.

2. Bei der Verpfändung ist nicht zu unterstellen, daß auch das Kündigungs- und Rückkaufsrecht mit verpfändet werden sollte. Die herrschende Meinung schützt hier den Pfandgläubiger dadurch, daß sie die Kündigung des Versicherungsnehmers von der Zustimmung des Pfandgläubigers abhängig macht[1], wobei sie sich aber in Widerspruch zu § 165 VVG stellt.

Aber selbst wenn man die Meinung vertritt, daß das Kündigungsrecht dem Versicherungsnehmer zusteht, so ist doch nach Treu und Glauben (§ 242 BGB), insbesondere in Anwendung des Rechtsgedankens des § 162 BGB, der Verpfändungsvertrag dahingehend auszulegen, daß sich in ihm der Versicherungsnehmer stillschweigend zur Übertragung des Rückkaufswertes an den Pfandgläubiger für den Fall verpflichtet, daß er die Prämie nicht mehr länger zahlen will und von seinem jederzeitigen Kündigungsrecht Gebrauch macht.

3. Bei der Pfändung ist wegen des Erfordernisses der Klarheit von Vollstreckungsmaßnahmen davon auszugehen, daß der Rückkaufswert nicht mit gepfändet ist. Wenn hier der Versicherungsnehmer kündigt, so steht ihm auch der Rückkaufswert zu. Genauso gebührt der Rückkaufswert einem Dritten, der nach der Pfändung der Versicherungssumme den Rückkaufswert samt Kündigungsrecht pfändet. Die §§ 242, 162 BGB kommen hier nicht in Betracht, da die Pfändung eine staatliche Zwangsmaßnahme darstellt und ein auslegungsfähiger Vertrag zwischen den Beteiligten nicht vorhanden ist.

4. a) Bei der unwiderruflichen Bezugsberechtigung steht das Kündigungsrecht nur dem Versicherungsnehmer zu. Das bedeutet aber nicht, daß ihm auch der Rückkaufswert gebührt, denn sonst hätte er es in der Hand die Bande der Unwiderruflichkeit jederzeit durch Kündigung und Rückkauf zu sprengen. Vielmehr steht hier dem Bezugsberechtigten wenigstens der Rückkaufswert zu[2].

4. b) Bei der widerruflichen Bezugsberechtigung kann ebenfalls nur der Versicherungsnehmer kündigen. Der Rückkaufswert steht dann dem Versicherungsnehmer zu, da nach herrschender Meinung in

---

[1] Vgl. hierzu S. 25.
[2] So *Bruck*, E.: Versicherungsvertrag, a. a. O., Anm. 15 der Vorbem. zu §§ 166—168 VVG; teilweise abweichend *Koenig*, H.: Die vermögenswerten Rechte aus dem Lebensversicherungsvertrag, a. a. O., S. 653, für das schweizerische Recht, mit rechtspolitisch durchaus beachtlichen Gedankengängen.
Metzing, G.: Die Zahlung der Prämienreserve nach Anfechtung von Lebensversicherungsverträgen. In: VersR, 1. Jahrgang, Karlsruhe 1950, S. 91, betont den Anspruch des Bezugsberechtigten auf die Rückvergütung nicht nur für den Fall der Kündigung, sondern auch bei Anfechtung von Lebensversicherungsverträgen.

der Kündigung durch den Versicherungsnehmer gleichzeitig ein
Widerruf der Begünstigung zu erblicken ist.

VIII. Weitere Anwendungsfälle der Rückvergütung

1. Rücktritt und Anfechtung durch den Versicherer

Zur Auszahlung der Rückvergütung ist der Versicherer außer im Falle
der Kündigung durch den Versicherungsnehmer immer dann verpflichtet, wenn das Versicherungsverhältnis nach der Zahlung von mindestens drei Jahresprämien aufgelöst wird. Dies trifft auch dort zu, wo der
Versicherer wegen Verletzung der vorvertraglichen Anzeigepflicht vom
Vertrag zurücktritt (§ 16 Abs. 2, § 17 Abs. 1 VVG) oder wegen arglistiger Täuschung den Vertrag anficht (§ 22 VVG).

Im Falle des Rücktritts müssen sich die Parteien nach § 20 Abs. 2 S. 2
VVG grundsätzlich die gegenseitig empfangenen Leistungen zurückgeben. Für Kapitalversicherungen auf den Todesfall, bei denen der Eintritt der Verpflichtung des Versicherers zur Zahlung des vereinbarten
Kapitals gewiß ist, erfährt diese Regelung allerdings durch die zwingende Vorschrift des § 176 VVG i. V. m. § 178 VVG insofern eine Einschränkung, als hier der Versicherer lediglich den auf die Versicherung
entfallenden Rückkaufswert zu erstatten hat. Diese Regelung entspricht
auch der wirtschaftlichen Betrachtungsweise, da die von dem Versicherer erbrachte Leistung der Gefahrtragung von dem Versicherungsnehmer ja nicht mehr zurückgewährt werden kann[1]. Nach dem Grundsatz
von der Unteilbarkeit der Prämie (§ 40 Abs. 1 VVG) gebühren dem Versicherer aber nicht nur die bereits an ihn gezahlten Prämien — vorbehaltlich der gegebenenfalls von ihm im Wege der Rückvergütung zu erstattenden Sparprämienanteile —, sondern es bleibt ihm auch noch der
Anspruch auf die Prämie bis zum Schluß der Versicherungsperiode, in
der er von dem Rücktrittsgrund Kenntnis erlangt hat[2].

Bei Anfechtung wegen arglistiger Täuschung wird der Versicherungsvertrag von Anfang an nichtig, d. h. das Vertragsverhältnis zwischen
dem Versicherungsnehmer und dem Versicherer wird so behandelt, als
ob es niemals bestanden hätte[3]. Der Versicherungsvertrag wird also
rückwirkend aufgelöst und der Versicherer müßte an und für sich alle
empfangenen Prämien zurückerstatten. Da aber der Versicherer eine
gewisse Zeit lang die Gefahr getragen hat, entspricht es der Billigkeit
und den Grundsätzen der Versicherungstechnik, wenn er die für die

---

[1] Anderer Ansicht: *Haymann,* F.: Leistung und Gegenleistung im Versicherungsvertrag, Berlin-Leipzig 1933, S. 78 ff.
[2] Vgl. *Bruck-Doerstling:* Das Recht des Lebensversicherungsvertrages,
a. a. O., Anm. 36 und 37 zu § 8; *Bruck-Möller:* Kommentar zum VVG, a. a. O.,
Anm. 3 zu § 40 VVG.
[3] RG 141, S. 82.

Vergangenheit empfangenen Prämien und nach dem Grundsatz von der Unteilbarkeit derPrämie auch die Prämie für das laufende Versicherungsjahr behält (§ 40 Abs. 1 VVG).

2. Der Rückkaufswert als Höchstgrenze für die Beleihbarkeit einer Versicherung

Ist eine Versicherung nach § 173 i. V. m. § 176 VVG rückkaufsfähig geworden, so steht fest, daß der Versicherer eine Geldzahlung mindestens in Höhe der Rückvergütung zu leisten verpflichtet ist. Fraglich ist nur noch, wann er leisten muß, nicht mehr, daß er leisten muß. Es ist deshalb unbedenklich, dem Versicherungsnehmer schon vor dem Eintritt des Versicherungsfalles eine Geldleistung zu gewähren, deren Höhe durch den Rückkaufswert begrenzt ist und die bei der Fälligkeit der Versicherungssumme oder bei der Auszahlung der Rückvergütung in Anrechnung gebracht wird, falls sie bis dahin nicht zurückgezahlt ist. Diese Bevorschussung des Rückkaufswertes wird als Policenbeleihung, der Vorschuß als Policendarlehen oder als Vorauszahlung bezeichnet[4]. Nach § 5 ALVB n. F. steht es dem Versicherer jedoch frei, die Police zu beleihen. Einen Rechtsanspruch hierauf hat der Versicherungsnehmer nicht. Da das Darlehen oder die Vorauszahlung einen Vorschuß auf die spätere Geldleistung darstellen, können sie auch nur in der Währung gegeben werden, in der die Versicherungssumme zu bewirken ist. Nur derart gegebene Darlehen können als Anlagewerte für den Deckungsstock Verwendung finden (§ 68 Abs. 1 Nr. 3 VAG; VerAfP 1927, S. 94)[5].

---

[4] *Bruck-Doerstling:* Das Recht des Lebensversicherungsvertrages, a. a. O., Anm. 2 zu § 7.

[5] Vgl. *Bruck, E.:* Versicherungsvertrag, a. a. O., Anm. 12 zu § 176 VVG; *Bruck-Doerstling:* Das Recht des Lebensversicherungsvertrages, a. a. O., Anm. 11 zu § 7.

Drittes Kapitel

Die Auswirkungen des Rückkaufes

I. Erlöschen des Versicherungsverhältnisses

Die Kündigung einer Lebensversicherung bewirkt in jedem Falle das völlige Erlöschen des Versicherungsverhältnisses zu dem Zeitpunkt, zu dem sie wirksam wird. Es ist dabei ohne Bedeutung ob die Kündigung von dem Versicherungsnehmer oder von dem Versicherer ausgesprochen wurde. Diese Tatsache ist jedoch entscheidend für die Frage, ob eine eventuelle Wiederinkraftsetzung der Versicherung noch möglich ist.

1. Bei Kündigung durch den Versicherer

Hat der Versicherer wegen Zahlungsverzug des Versicherungsnehmers die Kündigung ausgesprochen (§ 39 Abs. 3 S. 1 VVG), so hat letzterer bei Einhaltung bestimmter Fristen einen Rechtsanspruch auf Wiederinkraftsetzung der Versicherung. § 39 Abs. 3 S. 3 VVG bestimmt hierzu im einzelnen: „Die Wirkungen der Kündigung fallen fort, wenn der Versicherungsnehmer innerhalb eines Monats nach der Kündigung oder, falls die Kündigung mit der Fristbestimmung verbunden ist, innerhalb eines Monats nach dem Ablauf der Zahlungsfrist die Zahlung nachholt, sofern nicht der Versicherungsfall bereits eingetreten ist." Auch nach Ablauf dieser Frist können die Zahlungsrückstände noch unter denselben Voraussetzungen und mit denselben Wirkungen beglichen werden, wenn seit dem Fälligkeitstermin der erstmals unbezahlten Prämie noch keine 6 Monate verstrichen sind (§ 4 Ziff. 4 S. 2 ALVB n. F.).

Die praktische Bedeutung dieser Vorschrift liegt darin, daß der Versicherungsnehmer den Versicherer zwingen kann, die Versicherung zu den alten Vertragsbedingungen wieder aufleben zu lassen, auch wenn er inzwischen krank geworden ist und der Versicherer unter diesen Umständen nie eine neue Versicherung mit ihm abschließen würde.

Nach Ablauf der genannten Fristen ist der Versicherungsnehmer nicht mehr in der Lage, eine Wiederherstellung seiner Versicherung zu fordern. Es liegt im freien Ermessen des Versicherers, ob er dem Antrag des Versicherungsnehmers auf Wiederherstellung entsprechen will oder nicht. Zahlungen von Rückständen, die nach Ablauf der Fristen bei dem

Versicherer eingehen, sind als Antrag auf Wiederherstellung anzusehen. Die Wiederherstellung bedeutet jedoch grundsätzlich den Abschluß eines neuen Vertrages, auch wenn sie inhaltlich die Wiederinkraftsetzung des früheren, inzwischen erloschenen Vertrages zum Gegenstand hat[1].

2. Bei Kündigung durch den Versicherungsnehmer

Erfolgt die Kündigung einer Lebensversicherung durch den Versicherungsnehmer (§ 165 VVG), so hat dieser nach dem Zugehen seiner Erklärung keinen Anspruch auf Wiederaufnahme oder Fortsetzung des Versicherungsverhältnisses. Das gilt auch dann, wenn er diesen Antrag noch vor dem Zeitpunkt stellt, an welchem die Versicherung außer Kraft tritt. Die Kündigung ist jedoch nicht wirksam, wenn dem Versicherer vor oder gleichzeitig mit der Kündigung ein Widerruf zugeht (§ 130 Abs. 1 S. 2 BGB).

II. Vorzeitige Fälligkeit einer vom Versicherer gewährten Hypothek

Die Versicherungsunternehmen machen häufig die Hergabe von Hypothekengeldern davon abhängig, daß der Darlehensnehmer zugleich bei ihnen eine Lebensversicherung abschließt, und nehmen dabei in den Hypothekendarlehensvertrag die Bestimmung auf, daß der Versicherer zur vorzeitigen Kündigung des Darlehens berechtigt wird, wenn der Schuldner seine Lebensversicherung aufgibt. Inwieweit diese Bestimmung rechtswirksam ist und nicht gegen die zwingende Vorschrift des jederzeitigen Kündigungsrechts nach § 165 VVG verstößt, hat Doerstling[1] sehr eingehend untersucht. Er kommt dabei zu der Feststellung, daß sich der Inhalt des § 165 VVG in der Zweckbestimmung erschöpft, „eine das gebotene Maß überschreitende Erweiterung der Rechte des wirtschaftlich Stärkeren" zu unterbinden. Einer Erschwerung des an sich gegebenen Kündigungsrechts mit Rechtsfolgen noch anderer Art steht deshalb § 165 VVG nicht im Wege[2].

Eine andere Frage ergibt sich aus dem Wortlaut des § 178 Abs. 1 VVG insofern, als zu untersuchen ist, was als Nachteil zu gelten hat und ob die vorzeitige Kündbarkeit oder Fälligkeit einer Hypothek einen solchen Nachteil darstellt. Dabei wird man wohl rein wirtschaftlich überlegen müssen, ob durch die vorzeitige Kündbarkeit der Hypothek eine Verschiebung des Gleichgewichts zwischen der Leistung des Hypothekenschuldners und der Leistung des Hypothekengläubigers eintritt. Ist die Hypothek für eine bestimmte Laufzeit mit einem entsprechenden Disagio

---

[1] *Bruck-Doerstling:* Das Recht des Lebensversicherungsvertrages, a. a. O., Anm. 50 zu § 4.

[1] *Doerstling,* Th.: Der Lebensversicherer als Darlehensgläubiger. In: Hans-RGZ 1930, Sp. 77 ff.

[2] Vgl. VerAfP 1910, S. 94, Nr. 22.

hingegeben worden, so erleidet der Schuldner, der ja zur Rückzahlung des Darlehens mit dem vollen Nominalbetrag verpflichtet ist, bei vorzeitiger Fälligkeit der Hypothek tatsächlich innerhalb seines Darlehensvertrages einen Nachteil.

Dagegen verschiebt sich das Gleichgewicht der beiderseitigen Leistungen im Falle der vorzeitigen Vertragsbeendigung keineswegs zu Lasten des Hypothekenschuldners, wenn die Hingabe der Hypothek mit dem vollen Nominalbetrag erfolgte. Die Frage, ob in der Vereinbarung der vorzeitigen Beendigung des Hypothekendarlehensverhältnisses ein Nachteil zu erblicken ist, muß mithin von Fall zu Fall geprüft werden[3].

Nun spricht § 178 VVG ausdrücklich vom „Versicherer" und vom „Versicherungsnehmer", beide sind daher nur in ihrer Eigenschaft als solche zu verstehen. Das bedeutet aber, daß der Versicherungsnehmer sich gegenüber dritten Personen jederzeit verpflichten kann, seinen Versicherungsvertrag nicht zu kündigen. Ebenso kann er natürlich Vereinbarungen treffen, wonach er zwar die Kündigungsbefugnis uneingeschränkt behält, aber Rechtsfolgen anderer Art, die an die Auflösung seines Lebensversicherungsvertrages geknüpft sind, übernimmt. Solche Vereinbarungen kann der Versicherungsnehmer auch mit dem Versicherer selbst treffen, sofern die beiden Vertragspartner nicht in ihrer Eigenschaft als Versicherer und Versicherungsnehmer, sondern in einer vom Versicherungsverhältnis unabhängigen Eigenschaft, ein solches Abkommen treffen[4].

Auf dieser Rechtsauffassung beruht nicht zuletzt die wirtschaftlich so bedeutsame Kreditfunktion der Lebensversicherungspolice. Ein Kredit ist oftmals dann am ersten gefährdet, wenn der Schuldner verstirbt. Gegen diese Gefährdung seines Kredits kann sich der Gläubiger nur dadurch schützen, daß er das Zustandekommen und die Aufrechterhaltung des Kreditvertrages von einer Lebensversicherung des Schuldners abhängig macht. Dabei können die Rechte aus dieser Versicherung dem Gläubiger sicherungshalber abgetreten werden, oder die Police wird in sonstiger Weise dem Schutz des Gläubigers dienstbar gemacht. Ganz zwangsläufig muß hierbei der Schuldner die Verpflichtung übernehmen, seine Lebensversicherung durch fortlaufende Prämienzahlung in Kraft zu halten und ebenso zwangsläufig hat eine Verletzung dieser Verpflichtung, d. h. ein Erlöschen der Versicherung, die Rechtsfolge, daß mit dem Wegfall dieser Sicherungsunterlage das Kreditverhältnis selbst endigt und der Schuldner zur sofortigen Darlehensrückzahlung verpflichtet wird[5].

---

[3] *Doerstling*, Th.: Der Lebensversicherer als Darlehensgläubiger. In: Hans-RGZ 1930, Sp. 79.

[4] *Doerstling*, Th.: Der Lebensversicherer als Darlehensgläubiger. In: Hans-RGZ 1930, Sp. 80 f.

[5] *Doerstling*, Th.: Der Lebensversicherer als Darlehensgläubiger. In: Hans-RGZ 1930, Sp. 81.

Man könnte gegen diese Ansicht einwenden, daß eine zusätzliche Absicherung eines Realkredites durch einen Lebensversicherungsvertrag unbillig wäre. Dem müssen wir entgegenhalten, daß nach den Beleihungsrichtlinien[6] bei der Bewilligung eines Darlehens nicht nur das Objekt, sondern auch die persönlichen Verhältnisse beachtet werden sollen. Die Kreditwürdigkeit einer Person wird dabei durch eine Lebensversicherung zweifellos stark beeinflußt. Wird diese Versicherung nun durch Rückkauf vorzeitig beendet, so ist die persönliche Vertrauenswürdigkeit und damit eine wesentliche Voraussetzung für die Gewährung des Darlehens nicht mehr vorhanden.

Dieses Sicherheitsbedürfnis des Darlehensgebers wurde auch in einer Entscheidung des Reichsaufsichtsamtes[7] voll gewürdigt. Dort lag folgender Sachverhalt vor: Ein Versicherungsnehmer hatte mit einer Versicherungsgesellschaft einen Vertrag über ein Hypothekendarlehen mit der Klausel abgeschlossen, daß die Gesellschaft das Darlehen für fällig erklären könnte, wenn die in Verbindung mit der Hypothekenhergabe abgeschlossene Lebensversicherung nicht für die Laufzeit der Hypothek aufrecht erhalten bliebe. Als die Gesellschaft auf die Kündigung der Versicherung hin das Hypothekenkapital zurückforderte, machte der Versicherungsnehmer geltend, daß das Verlangen der Gesellschaft in Widerspruch zur zwingenden Bestimmung des § 165 VVG stünde. Die Gesellschaft betonte demgegenüber, die Lebensversicherung diene ihr als zusätzliche Sicherheit für ihre Hypothekenforderung und sie sei berechtigt, bei Wegfall der zusätzlichen Sicherheit sich das Recht der Rückforderung auszubedingen. Dies sei schon deshalb notwendig, weil aus der Einstellung der Prämienzahlung zu der Lebensversicherung geschlossen werden müsse, daß die Vermögensverhältnisse des Schuldners sich so verschlechtert hätten, daß er der Gesellschaft die nötige persönliche Sicherheit für die Forderung nicht mehr biete. Die persönliche Sicherheit sei aber neben der durch das Pfandobjekt gebotenen dinglichen Sicherheit heute mehr denn je notwendig. Das Reichsaufsichtsamt sah in dem Verfahren der Gesellschaft keine Gesetzesverletzung. Das Kündigungsrecht des Versicherungsnehmers gemäß der Vorschrift des § 165 VVG, würde durch die erwähnte Klausel nicht ausgeschlossen.

Es wäre nun freilich verfehlt, aus den bisherigen Ausführungen den Schluß zu ziehen, daß bei Personengleichheit von Darlehensgeber und Versicherer die Bestimmungen der §§ 165, 172 VVG überhaupt keine Bedeutung mehr hätten. Lassen nämlich die Umstände des Falles erkennen, daß der Kreditgeber den Schuldner nur deshalb an die Lebensversicherung bindet, weil er in seiner gleichzeitigen Eigenschaft als Lebensver-

---

[6] *Prölß*, E.: VAG, Kurz-Kommentar, a. a. O., Anm. 2 zu § 69 VAG.
[7] VerAfP 1932, S. 140 f., Nr. 20.

sicherer ein Interesse an der Aufrechterhaltung der Versicherung hat, so ist eine Klausel über die vorzeitige Fälligkeit eines Hypothekendarlehens bei Kündigung der Versicherung durch den Versicherungsnehmer rechtsunwirksam[8].

Dies ist immer dann der Fall, wenn der Versicherer anderweitig ausreichend gesichert ist. Im allgemeinen wird man jedoch von der Annahme ausgehen können, daß eine Bestimmung über die vorzeitige Rückforderung eines Hypothekendarlehens bei der Auflösung der Versicherung auf dem Sicherheitsbedürfnis des Hypothekengläubigers beruht. Eine Vertragsbeendigung durch Rückkauf hat dann aber grundsätzlich die vorzeitige Fälligkeit eines gewährten Darlehens zur Folge.

III. Die steuerlichen Folgen des Prämienrückkaufes

1. Bei der Einkommensteuer

Die auf Grund eines Lebensversicherungsvertrages ausbezahlten Versicherungssummen sind unter keine der in § 2 Abs. 3 EStG 1961 festgelegten Einkunftsarten einzuordnen und unterliegen deshalb im Jahre des Zugehens auch nicht der Einkommensteuer. Das gleiche gilt grundsätzlich auch bei der vorzeitigen Beendigung eines Lebensversicherungsvertrages durch Rückkauf. Allerdings kann sich hier beim Vorliegen bestimmter Tatbestände aus dem Abzug der geleisteten Versicherungsbeiträge als Sonderausgaben eine Steuernachholung ergeben, wie die nachstehenden Ausführungen zeigen.

Beiträge zu Versicherungen auf den Lebens- oder Todesfall, sowie zu Witwen-, Waisen-, Versorgungs- und Sterbekassen, können nach § 10 Abs. 1 Ziff. 2 EStG 1961 als Sonderausgaben vom Gesamtbetrag der Einkünfte abgezogen werden, wenn bei einmaliger Beitragsleistung zu Beginn des Vertrages (Einmalbeitrag) dieser für die Dauer von mindestens zehn Jahren oder bei laufender Beitragsleistung für die Dauer von mindestens fünf Jahren abgeschlossen wurde. Der Gesetzgeber will damit die Familienvorsorge und den Schutz vor Krankheit und Alter fördern[1]. Der Steuervorteil soll aber nur solchen Verträgen zugute kommen, die nach diesen Grundgedanken förderungswürdig erscheinen[2]. Deshalb hat auch der Gesetzgeber hinsichtlich der steuerlichen Folgen beim Prämienrückkauf unterschieden zwischen Verträgen mit laufender Beitragszahlung und solchen auf Grund einmaliger Beitragsleistung.

---

[8] *Bruck-Doerstling:* Das Recht des Lebensversicherungsvertrages, a. a. O., Anm. 20 zu § 6.

[1] *Lademann-Lenski-Brockhoff:* Kommentar zum Einkommensteuergesetz, Stuttgart-München-Hannover, Stand 11. 10. 1960, Anm. 4, 1 zu § 10 EStG.

[2] Vgl. V-Rundschreiben Nr. 127/60 des Verbandes der Lebensversicherungsunternehmen e. V., Bonn vom 25. 11. 1960.

a) Bei laufender Beitragszahlung

Für Lebensversicherungsverträge gegen laufende Beitragszahlung besteht keine gesetzliche Vorschrift, die eine Nachversteuerung bei vorzeitiger Vertragsbeendigung durch Rückkauf vorsieht. Um ohne gesetzliche Änderung steuerliche Mißbräuche zu vermeiden, wurde jedoch am 25. 11. 1960 nach Verhandlungen zwischen dem Bundesfinanzministerium und dem Verband der Lebensversicherungsunternehmen e. V., Bonn, von den Lebensversicherungsunternehmen eine geschäftsplanmäßige Erklärung abgegeben, die für alle nach dem 30. November 1960 abgeschlossenen Versicherungsverträge gilt, bei denen der Versicherte im Zeitpunkt des Vertragsabschlusses das 55. Lebensjahr noch nicht überschritten hatte. Hierin verpflichteten sich die Versicherer „Deckungskapitaleinzahlungen und Zuzahlungen in den ersten fünf Jahren nach ihrer Leistung nicht zu beleihen und sie nur unter der Bedingung entgegenzunehmen, daß im Falle der Kündigung des Vertrages ein Betrag in Höhe des auf die Deckungskapitaleinzahlungen beziehungsweise Zuzahlungen entfallenden Rückkaufswertes Zug um Zug mit der Auszahlung des Rückkaufswertes bei den Versicherungsunternehmen eingezahlt wird mit der Maßgabe, daß der Betrag fünf Jahre nach der jeweiligen Deckungskapitaleinzahlung bzw. Zuzahlung ausgezahlt wird. Der Betrag wird zum Rechnungszinsfuß verzinst".

Zur Einhaltung der Verpflichtungserklärung haben die Versicherungsunternehmen sogenannte Sonderbedingungen geschaffen, denen sich der Versicherungsnehmer bei Vertragsabschluß zu unterwerfen hat. Es ist darin die oben angeführte geschäftsplanmäßige Erklärung nahezu wörtlich übernommen.

b) Bei Einmalbeitragsleistung

Bei Versicherungen gegen Einmalbeitrag, bei denen die volle oder teilweise Rückzahlung von geleisteten Beiträgen verlangt werden kann, ist nach Maßgabe einer Rechtsverordnung eine Nachversteuerung durchzuführen, wenn vor Ablauf von zehn Jahren seit Vertragsabschluß, der Rückkaufswert ganz oder zum Teil ausbezahlt wird (§ 10 Abs. 2 Ziff. 1 EStG 1961). Diese Vorschrift betrifft allerdings nur Verträge, die nach dem 31. Dezember 1958 abgeschlossen wurden, während für die vor diesem Zeitpunkt abgeschlossenen Verträge nur eine Sperrfrist von drei Jahren vorgesehen war. Nach § 29 Abs. 1 EStDV 1961 hat der Versicherer dem für seine Veranlagung zuständigen Finanzamt (§ 73a AO) unverzüglich alle die Fälle anzuzeigen, bei denen diese Fristen nicht eingehalten wurden. Die sich hieraus ergebende Nachversteuerung ist in § 30 EStDV 1961 besonders geregelt. So wird zum Zwecke der Steuernachholung nicht etwa die Veranlagung des Kalenderjahres, in dem der Einmalbeitrag als Sonderausgabe berücksichtigt worden ist, berichtigt. Diese Veranlagung wird vielmehr nur rechnerisch nochmals aufgerollt. Es wird festgestellt, welche Einkommensteuer in jenem Veranlagungszeitraum festzusetzen gewesen wäre, wenn der Versicherungsnehmer den Einmalbeitrag nicht geleistet hätte. Der Unterschiedsbetrag zwischen dem sich so ergebenden Steuerbetrag und der veranlagten Steuer wird als Nachsteuer für den Veranlagungszeitraum erhoben, in dem der Versicherungsnehmer den Prämienrückkauf geltend gemacht hat[3].

Wird eine rückkaufsfähige Lebensversicherung innerhalb der Sperrfrist nur teilweise gekündigt, so wird auch die Nachversteuerung nur zum Teil vorgenommen. Läßt sich zum Beispiel der Versicherungsnehmer innerhalb der Sperrfrist aus einem Versicherungsvertrag über DM 10 000 nur den Rückkaufswert, der einer Versicherungssumme von DM 3000 entspricht, auszahlen, so ist die Einmalprämie nur hinsichtlich der Versicherungssumme über DM 3000 als nicht geleistet anzusehen und der Nachversteuerung zu unterwerfen.

2. Bei der Erbschaftsteuer

Grundsätzlich unterliegt der unentgeltliche (freigebige) Anfall einer Lebensversicherungssumme der Erbschaftsteuer. Die Lebensversicherung ist jedoch erbschaftsteuerfrei, wenn sie als Erbschaftsteuer- oder Lastenausgleichsversicherung ausgestaltet ist (§ 19 ErbStG). Eine Erbschaftsteuer- oder Lastenausgleichsversicherung setzt voraus, daß in dem Lebensversicherungsvertrag ausdrücklich bestimmt ist, daß die Versicherungssumme zur Bezahlung der Erbschaftsteuer und zur Ablösung der Lastenausgleichsabgabe oder zu einem von beiden Verwendung findet und nach dem Tode des Versicherungsnehmers innerhalb von zwei Monaten an das Finanzamt abzuführen ist. Selbstverständlich kann aber für den die später festgesetzte Steuer etwa übersteigenden Betrag der Versicherungssumme ein Begünstigter benannt werden. Die Versicherungssumme bleibt dann nur insoweit erbschaftssteuerfrei, als sie zur Tilgung einer Erbschaftsteuerschuld von Personen der Steuerklasse I oder II (Ehegatten, Kinder, Enkel) oder zur Ablösung der auf diese entfallenden Lastenausgleichsabgaben dient. In dem Vertrag kann auch beides vorgesehen werden[4].

Der Versicherungsnehmer, der die Widmung der Versicherungssumme zum Zweck der Erbschaftsteuerzahlung mit dem Versicherer vereinbart hat, ist dadurch jedoch nicht gebunden. Er kann z. B. die Widmung für die Erbschaftsteuer jederzeit widerrufen und eine andere Person be-

---

[3] Vgl. *Lademann-Lenski-Brockhoff*: Kommentar zum Einkommensteuergesetz, a. a. O., Anm. 4, 4e zu § 10 EStG.
[4] *Neubeck*, J.: Steuerersparnis durch Lebensversicherung, Karlsruhe 1960, S. 42.

günstigen, oder die Lebensversicherungspolice als Kreditunterlage verwenden. Indessen ist auch damit der Versicherungsnehmer noch nicht festgelegt, vorausgesetzt allerdings, daß er die Begünstigung nicht unwiderruflich verfügt hat. Er kann die zuletzt ausgesprochene Begünstigung abermals widerrufen und neuerdings in jedem ihm erwünschten Zeitpunkt die Widmung für die Bezahlung der Erbschaftsteuer oder des Lastenausgleichs mit dem Versicherungsunternehmen vereinbaren.

Eine zwingende Vorschrift für die Anerkennung einer Erbschaftsteuer- oder Lastenausgleichsversicherung enthält jedoch § 19 Abs. 2 ErbStG. Sie besagt, daß die Versicherungssumme, auch wenn sie schon zu Lebzeiten des Versicherungsnehmers fällig wird, bis zu dessen Ableben bei dem Versicherungsunternehmen hinterlegt bleiben muß. Diese Voraussetzung ist aber nicht erfüllt, wenn der Versicherungsnehmer die Erbschaftsteuer- oder Lastenausgleichsversicherung vorzeitig kündigt und die Herausgabe des Rückkaufswertes verlangt. Auch die Hinterlegung des Rückkaufswertes bei einer Bank oder einer sonstigen Hinterlegungsstelle ist nach dem Wortlaut des Gesetzes nicht ausreichend. Vielmehr verliert eine rückkaufsfähige Versicherung durch Kündigung stets ihre Eigenschaft als Erbschaftsteuer- oder Lastenausgleichsversicherung und der Rückkaufswert kann deshalb niemals erbschaftsteuerfrei zur Tilgung der angeführten Steuern verwendet werden.

Wird eine Erbschaftsteuer- oder Lastenausgleichsversicherung nur teilweise gekündigt, so verliert sie die Vergünstigung des § 19 Abs. 1 ErbStG nur hinsichtlich des zurückgekauften Teiles. Das bedeutet, daß bei eingetretenen Vermögensverlusten die Erbschaftsteuerversicherung jederzeit den veränderten Verhältnissen angepaßt werden kann.

Literaturverzeichnis

1. Bücher und Broschüren

Abel, Alfred: Wirkungen der Auslese in der Versichertensterblichkeit der deutschen Lebensversicherung, Berlin 1914.

Alter, Peter: Die Überschußbeteiligung im Versicherungsvertrag, Diss. Zürich 1947.

Bischoff, D.: Die rechtliche Bedeutung der Prämienreserve eines Lebensversicherungsbetriebes, Bremen 1891.

Bosshart, Alfred: Rückkauf und Umwandlung einer Lebensversicherung, Diss. Zürich 1927.

Brown, Denis: Insurance Law, 1. Bd., London 1961.

Bruck, Erich: Das Privatversicherungsrecht, Mannheim-Berlin-Leipzig 1930.

— Reichsgesetz über den Versicherungsvertrag, 7. Aufl., Berlin-Leipzig 1932.

Bruck-Doerstling: Das Recht des Lebensversicherungsvertrages, Kommentar zu den Allgemeinen Versicherungsbedingungen der Kapitalversicherung auf den Todesfall, 2. Aufl., Mannheim-Berlin-Leipzig 1933.

Bruck-Möller: Kommentar zum Versicherungsvertragsgesetz und zu den Allgemeinen Versicherungsbedingungen, 8. Aufl., 1. Bd., Berlin 1961.

Burgdörfer, Friedrich: Der Geburtenrückgang und seine Bekämpfung, Berlin 1929.

Deutsche Wirtschaftskunde, bearbeitet im Statistischen Reichsamt, Berlin 1930.

Ehrenzweig, Albert: Deutsches (Österreichisches) Versicherungsvertragsrecht, Wien 1952.

Ehrenzweigs Assekuranz-Jahrbuch: 13. Bd., Wien 1892; 24. Bd., Wien 1903 und 29. Bd., Wien 1908.

Eichler, Hermann: Institutionen des Sachenrechts, 2. Bd., 1. Halbband, Berlin 1957.

Enneccerus-Nipperdey: Allgemeiner Teil des Bürgerlichen Rechts, 15. Aufl., Tübingen 1959.

Festgabe Moser: Versicherungswissenschaftliche, juristische und mathematische Untersuchungen, Bern 1931.

Finke, Eberhart: Handwörterbuch des Versicherungswesens, 2. Bd., Darmstadt 1958.

Gantenbein, Burkhard: Die außerordentliche Beendigung des Versicherungsvertrages, Diss. Zürich 1939.

Gürtler, Max: Die Kalkulation der Versicherungsbetriebe, 2. Aufl., Berlin-Frankfurt a. M. 1958.

Haasen, Uwe: Das Recht auf den Überschuß bei den privaten Versicherungsgesellschaften, Stuttgart 1955.

Haymann, Franz: Leistung und Gegenleistung im Versicherungsvertrag, Berlin-Leipzig 1933.

Hecker, Hermann: Die rechtliche Natur der Prämienreserve bei der Lebensversicherung, Diss. München 1890.

Höckner, Georg: Das Deckungskapital im Lebensversicherungsvertrag und die Abfindungswerte bei vorzeitiger Vertragslösung, Berlin 1909.

Kahlo, Ernst: Lebensversicherungsbedingungen und Prämien 1963, 49. Jahrgang, Berlin 1963.

Karup, Johannes: Die Reform des Rechnungswesens der Gothaer Lebensversicherungsbank, Jena 1903.

Knochenhauer, Wolfgang: Das Recht der Lebens- und der Unfallversicherung, Berlin-Leipzig 1937.

Koenig, Willy: Schweizerisches Privatversicherungsrecht, 2. ergänzte Aufl., Bern 1960.

Krumbholt, Gerhard: Der Dividendenanspruch der Versicherungsnehmer in der privaten Lebensversicherung, Diss. Hamburg 1950.

Lademann-Lenski-Brockhoff: Kommentar zum Einkommensteuergesetz, Stuttgart-München-Hannover, Stand 11. 10. 1960.

Lederle, Karl: Die Lebensversicherung unter besonderer Berücksichtigung ihrer rechtlichen Beziehungen zum ehelichen Güterrecht, Erb- und Konkursrecht sowie ihre Besteuerung, Heidelberg 1913.

Loewy, Alfred: Versicherungsmathematik, Berlin 1924.

Manes, Alfred: Versicherungslexikon, 3. Aufl., Berlin 1930.

— Versicherungswesen, 3. Bd., 5. Aufl., Leipzig-Berlin 1932.

Manes-Hagen: Kommentar zum Deutschen Reichsgesetz über den Versicherungsvertrag, Berlin 1908.

Michelson, Justin: Die Behandlung der Prämienreserve und des Prämienreservefonds, Borna-Leipzig 1908.

Morandière, Julliot Leon de la: De la Réserve Mathématique des primes dans L'Assurance, Thèse, Paris 1909.

Müller-Erzbach, Rudolf: Deutsches Handelsrecht, 2. und 3. Aufl., Tübingen 1928.

Neubeck, Johannes: Steuerersparnis durch Lebensversicherung, Karlsruhe 1960.

Nöbel, Hellmut: Das Deckungskapital in der Lebensversicherung insbesondere sein Rechtsverhältnis zum Versicherungsnehmer, Leipziger rechtswissenschaftliche Studien, Heft 45, 1930.

Nolte, Julius: Ergibt sich aus der Natur des Lebensversicherungsvertrages nach heutigem Recht ein Anspruch des Versicherten auf die Prämienreserve? Diss. Erlangen 1900.

Palandt: Kurzkommentar zum BGB, 23. Aufl., München-Berlin 1964.

Prölß, Erich R.: Versicherungsaufsichtsgesetz, Kurzkommentar, 4. Aufl., München-Berlin 1963.

— Versicherungsvertragsgesetz, Kurzkommentar, 14. Aufl., München-Berlin 1963.

Rehm, H.: Die Bilanz der Aktiengesellschaften, 2. Aufl., München 1914.

Roelli: Kommentar zum Bundesgesetz über den Versicherungsvertrag vom 2. April 1908, Bern 1914.

Roelli-Jaeger: Kommentar zum schweizerischen Bundesgesetz über den Versicherungsvertrag, 3. Bd., Personenversicherung, Bern 1933.

Rohrbeck, Walter: 50 Jahre materielle Versicherungsaufsicht nach dem Gesetz vom 12. Mai 1901, 2. Bd., Berlin 1952.

Saxer, Walter: Versicherungsmathematik, I. Teil, Berlin-Göttingen-Heidelberg 1955.

Schäfer, Erich: Die Unternehmung, Köln-Opladen 1956.

Schulz, J.: Rückkauf und Umwandlung, Diss. Leipzig 1911.

Staudinger: Kommentar zum Bürgerlichen Gesetzbuch, 11. Aufl., Berlin 1957.

Tosberg, Adolf: Die Technik der Lebensversicherung, 5. Aufl., Berlin-Dahlem 1957.

Wall, Adolf: Die Ansprüche der Versicherten auf die Prämienreserve in der Lebensversicherung, Diss. Gießen 1906.

Weddigen, Walter: Theoretische Volkswirtschaftslehre als System der Wirtschaftstheorie, 2. ergänzte Aufl., Berlin 1958.

Wirtschaftsprüfer Handbuch 1959: herausgegeben vom Institut der Wirtschaftsprüfer in Deutschland e. V., Düsseldorf 1959.

Woerner, Gerhard: Allgemeine Versicherungslehre, Leipzig 1920.

Zwinggi, Ernst: Versicherungsmathematik, 2. Aufl., Basel-Stuttgart 1958.

2. Zeitungs- und Zeitschriftenaufsätze und sonstige Veröffentlichungen

Allgemeine Sterbetafel für die Bundesrepublik Deutschland 1949/51. In: Zeitschrift für Wirtschaft und Statistik, herausgegeben vom Statistischen Bundesamt, 5. Jahrgang N. F. 1953, Heft 1, S. 13 ff.

Amtliche Sammlung der RG-Rechtsprechung in Zivilsachen, 1.—172. Bd., Leipzig 1880—1945.

Bendix, Ludwig: Kritik der Theorien über den Lebensversicherungsvertrag. In: ZVersWiss., 3. Bd., Berlin 1903, S. 490 ff.

Bericht des 5. internationalen Kongresses für Versicherungswissenschaft, 2. Bd., Berlin 1906.

Bronisch, Otfried: Urteilsanmerkung. In: VersR, 2. Jahrgang, Karlsruhe 1951, S. 42.

Doerstling, Th.: Der Lebensversicherer als Darlehensgläubiger. In: HansRGZ, Ausgabe A, Mannheim-Berlin-Leipzig-Hamburg 1930, Sp. 77 ff.

Dumas: Le rachat et la réduction des polices d'assurances sur la vie. In: Mitteilungen der Vereinigung schweizerischer Versicherungsmathematiker, 4. Heft, Bern 1909, S. 82 ff.

Ehrenberg, Victor: Wichtige Probleme des Lebensversicherungsrechts. Insbesondere der Anspruch auf die Lebensversicherungssumme. In: Iherings-Jahrbuch für die Dogmatik des bürgerlichen Rechts, 41. Bd., Jena 1900, S. 340 ff.

Engelbrecht, Georg: Die rechtliche und technische Natur des Rückkaufs in der Lebensversicherung. In: Assekuranz-Jahrbuch, 29. Bd., Wien 1908, S. 106 ff.

Fredholm, I.: Zur Frage der Gegenauswahl. In: Berichte, Denkschriften und Verhandlungen des 5. Internationalen Kongresses für Versicherungswissenschaft, herausgegeben von Manes, A., 2. Bd., Berlin 1906, S. 137 ff.

Geschäftsbericht 1961 des Bundesaufsichtsamtes für das Versicherungs- und Bausparwesen, Berlin 1962, S. 109 f.

Goldschmidt: Veröffentlichungen des Deutschen Vereins für Versicherungswissenschaft, 1. Jahrgang, Berlin 1903, S. 85.

Gottschalk, Alfred: Das Recht des Pfandgläubigers zur Kündigung des Lebensversicherungsvertrages. In: HansRGZ, Ausgabe A, Mannheim-Berlin-Leipzig-Hamburg 1929, Sp. 665 ff.

— Die Abtretung des Versicherungsanspruchs. In: HansRGZ, Ausgabe A, Mannheim-Berlin-Leipzig-Hamburg 1928, Sp. 8 ff.

Gruner, E.: Wie ist der Rückkaufswert einer auf ausländische Valuta lautenden Lebensversicherung zu berechnen? In: LZ, München-Berlin-Leipzig 1922, Sp. 105 ff.

Gutachten des Bundesaufsichtsamtes vom 16. 5. 1953 — I, 7 — 1354/52. In: VA 1953, S. 158 ff.

Hagen, Otto: Versicherungsrecht. In: Handbuch des gesamten Handelsrechts, herausgegeben von Victor Ehrenberg, 8. Bd., II. Abt., Leipzig 1922, S. 443 ff.

Jäger: Lausanne. Zwei Aufsätze in der „Schweizerischen Juristenzeitung" vom 1. 5. 1922 (S. 333 ff.) und 15. 7. 1922 (S. 24). In: ZVersWiss., 24. Bd., Berlin 1924, S. 45.

Jost: Veröffentlichungen des Deutschen Vereins für Versicherungswissenschaft, 1. Jahrgang, Berlin 1903, S. 90.

Kersting: Das Valutaproblem in der deutschen Lebensversicherung. In: ZVersWiss., 24. Bd., Berlin 1924, S. 43 ff.

Kettler, Gustav: Der Rückkaufswert in der Lebensversicherung. In: ZfV, Hamburg 1951, S. 163 f.

Koenig, Hans: Die vermögenswerten Rechte aus dem Lebensversicherungsvertrag. In: ZVersWiss., 6. Bd., Berlin 1906, S. 415 ff.

Metzing, Günter: Die Zahlung der Prämienreserve nach Anfechtung von Lebensversicherungsverträgen. In: VersR, 1. Jahrgang, Karlsruhe 1950, S. 91.

Moldenhauer, Paul: Die rechtliche Natur des Rückkaufs und die Beleihung der Police in der Lebensversicherung auf den Todesfall. In: Assekuranz-Jahrbuch, 24. Bd., Wien 1903, S. 58.

Monatsbericht der Deutschen Bundesbank, 13. Jahrgang, Nr. 11, Frankfurt a. M. 1961, S. 68.

Moser, Hans F.: Der Versicherungsvertrag mit Gewinnbeteiligung. In: ZVersWiss., 28. Bd., Berlin 1928, S. 404 ff.

Nußbaum, Arthur: Währungsfragen in der Lebensversicherung. In: JW, Leipzig 1923, S. 569 ff.

Patzig, Albrecht: Alte und neue Wege der Gewinnbeteiligung in der Lebensversicherung. In: Neumanns Zeitschrift, Festausgabe 1927, S. 33 ff.

— Die Bemessung der Abfindungswerte in der Lebensversicherung. In: ZVersWiss., 17. Bd., Berlin 1917, S. 418 ff.

Rechenschaftsbericht der Gesellschaft „Atlas", Ludwigshafen für 1904—1907.

Riebesell, Paul: Die versicherungstechnischen Rücklagen und ihre steuerliche Behandlung. In: ZVersWiss., 40. Bd., Berlin 1940, S. 105 ff.

Roelli: Referat. Verhandlungen des schweizer Juristenvereins 1899.

Rundschreiben Nr. 127/60 des Verbandes der Lebensversicherungsunternehmen e. V. Bonn vom 25. 11. 1960.

Rusam: Untersuchung. In: Neumanns Zeitschrift, Berlin 1934, S. 1160 ff.

Sellien, R.: Der Versicherungskaufmann, Fachzeitschrift für die versicherungspraktische Ausbildung. Abt. Lebensversicherung, Wiesbaden 1954/5, S. 11 001 f. und Abt. Versicherungsmathematik, S. 95 013 ff.

Technik der Gewinnverteilung: Schriftenreihe Betriebstechnische Fragen der Lebensversicherung, 15. Folge, herausgegeben vom Verband der Lebensversicherungsunternehmen e. V., Bonn 1960.

Veröffentlichungen des Kaiserlichen Aufsichtsamtes für Privatversicherung, 1.—16. Jahrgang, Berlin 1902—1917.

Veröffentlichungen des Reichsaufsichtsamtes für Privatversicherung, 17. bis 38. Jahrgang, Berlin-Leipzig 1918—1939.

Veröffentlichungen des Bundesaufsichtsamtes für das Versicherungs- und Bausparwesen, Berlin 1952—1962.

MIX
Papier aus verantwortungsvollen Quellen
Paper from responsible sources
FSC® C105338

Printed by Libri Plureos GmbH
in Hamburg, Germany